农村公路水泥混凝土路面设计施工与养护

魏 亚 梁思明 封基良 编著

人民交通出版社股份有限公司

北京

内 容 提 要

本书针对我国地域广阔、气候差异大、农村公路交通量低的特点,提出农村公路水泥混凝土路面的设计、施工及养护维修方法。全书分 6 章,依次介绍我国农村公路水泥混凝土路面的发展现状和建设难题、路面应用现状及病害、路面结构设计、路面原材料要求与配合比设计、路面施工以及路面养护维修。

本书可作为高等院校相关专业的教材及辅助资料,也可供工程技术人员参考。

图书在版编目(CIP)数据

农村公路水泥混凝土路面设计施工与养护／魏亚,梁思明,封基良编著. — 北京：人民交通出版社股份有限公司, 2019.12

ISBN 978-7-114-16075-2

Ⅰ．①农… Ⅱ．①魏… ②梁… ③封… Ⅲ．①农村道路—水泥混凝土路面—路面设计②农村道路—水泥混凝土路面—道路施工 Ⅳ．①U416.216

中国版本图书馆 CIP 数据核字(2019)第 277672 号

Nongcun Gonglu Shuini Hunningtu Lumian Sheji Shigong yu Yanghu

书　　名：	农村公路水泥混凝土路面设计施工与养护
著 作 者：	魏　亚　梁思明　封基良
责任编辑：	刘永芬
责任校对：	孙国靖　魏佳宁
责任印制：	张　凯
出版发行：	人民交通出版社股份有限公司
地　　址：	(100011)北京市朝阳区安定门外馆斜街 3 号
网　　址：	http://www.ccpress.com.cn
销售电话：	(010)59757973
总 经 销：	人民交通出版社股份有限公司发行部
经　　销：	各地新华书店
印　　刷：	北京鑫正大印刷有限公司
开　　本：	787×1092　1/16
印　　张：	10.25
字　　数：	245 千
版　　次：	2019 年 12 月　第 1 版
印　　次：	2019 年 12 月　第 1 次印刷
书　　号：	ISBN 978-7-114-16075-2
定　　价：	38.00 元

(有印刷、装订质量问题的图书由本公司负责调换)

前言

  农村公路是农村经济社会发展的重要基础设施,是交通事业协调可持续发展的关键环节,但受资金及自然条件的限制,农村公路的建设过程面临重重困难。为贯彻落实"四好"农村公路要求,"又好又快"地建设农村公路,推动农村公路协调发展,在云南省交通运输厅、云南省科技厅的领导和支持下,先后立项开展云南省交通运输厅科技项目《云南省农村公路新型典型路面结构研究》(云交科2009-(A)1-13)、《云南农村公路低造价长寿命混凝土路面关键技术研究》(云交科技2013(A)06)及云南省科技厅惠民项目《云南农村公路低造价长寿命路面建设关键技术研究与应用示范》(2015RA067)项目研究,取得了农村公路路面建设的一系列成果,并逐步在云南全省农村公路建设中推广应用,使农村公路的质量水平上升到了新台阶。

  本书在云南农村公路研究成果的基础上,总结、吸纳水泥混凝土路面尤其是农村公路水泥混凝土路面的实践经验编制而成。全书共分6章:第1章系统介绍农村公路概念、发展状况及农村公路路面的类型;第2章介绍普通水泥混凝土路面的现状,探讨和分析病害产生的主要原因;第3章介绍农村公路水泥混凝土路面的设计方法,并考虑路基强度、温度梯度及荷载作用的影响,提出对板块尺寸进行优化的思路;第4章从原材料控制及配合比设计等方面介绍农村公路水泥混凝土路面施工源头控制的重点,并给出相应的示例;第5章从施工准备、管理及整个施工过程介绍农村公路水泥混凝土路面的施工及质量控制关键和注意事项;第6章介绍水泥混凝土路面的养护及维修,针对性提出混凝土路面板养护及维修的对策。本书可为农村公路水泥混凝土路面的建设者、管理者及相关技术人员提供借鉴及指导。

  本书的工作得到云南省交通运输厅和云南省科技厅的大力支持,课题组的研究生高翔、张倩倩、郭为强等人在本书的结构构思、图表绘制、内容撰写等方面也做出了大量的工作,在此一并感谢!

虽然编者对本书内容进行多次检查校核,但由于时间仓促,水平有限,书中欠妥之处在所难免,还请读者及时指正。

魏 亚
2019 年 9 月

目 录

第1章 绪论 ··· 1
  1.1 农村公路概念及重要意义 ··· 1
  1.2 我国农村公路发展概况及技术状况 ······································ 1
    1.2.1 我国农村公路发展概况 ··· 1
    1.2.2 我国农村公路技术状况 ··· 2
  1.3 国外低交通量公路发展 ·· 2
  1.4 农村公路路面类型及特点 ··· 5
    1.4.1 一般路面结构 ·· 5
    1.4.2 农村公路的路面形式 ·· 6
    1.4.3 农村公路的路面特点 ·· 7
  1.5 农村公路水泥混凝土路面的优点与不足 ······························· 9
    1.5.1 优点 ·· 9
    1.5.2 不足 ·· 10

第2章 水泥混凝土路面应用现状及病害分析 ····························· 11
  2.1 水泥混凝土路面的现状 ·· 11
  2.2 水泥混凝土路面病害类型 ··· 12
    2.2.1 裂缝类病害 ·· 13
    2.2.2 变形类病害 ·· 14
    2.2.3 接缝类病害 ·· 14
    2.2.4 表层类病害 ·· 15

第3章 农村公路新建水泥混凝土路面板结构设计 ······················ 17
  3.1 水泥混凝土路面设计理论与方法 ······································· 17
    3.1.1 水泥混凝土路面设计理论 ··· 17
    3.1.2 水泥混凝土路面设计方法 ··· 23

3.2 国外水泥混凝土路面设计方法简介 ································· 33
　3.2.1 AASHTO 水泥混凝土路面设计方法 ························ 33
　3.2.2 美国波特兰水泥协会(PCA)设计方法 ······················· 36
　3.2.3 美国混凝土协会(ACI)设计方法 ···························· 40
　3.2.4 力学经验(MEPDG)设计方法 ······························ 45
　3.2.5 薄层罩面 ··· 49
3.3 混凝土路面板内部温度监测及分析 ································· 50
　3.3.1 温度梯度对路面板行为影响 ·································· 50
　3.3.2 温度梯度测试设备及方法 ······································ 52
　3.3.3 新建路面板的固化温差和有效温差 ························· 55
　3.3.4 等效温度梯度的三种计算方法比较 ························· 61
3.4 板内应变的分布特点 ·· 66
　3.4.1 板深方向的应变非线性分布特征 ···························· 66
　3.4.2 板角和板中应变的分布特点 ·································· 66
　3.4.3 干燥收缩的影响 ··· 67
3.5 农村公路水泥混凝土路面设计流程及参数选取 ··················· 70
　3.5.1 资料的收集和整理 ·· 70
　3.5.2 交通量调查 ··· 72
　3.5.3 材料要求 ··· 76
　3.5.4 路面板结构分析 ··· 77
　3.5.5 板块尺寸优化 ·· 85

第4章 农村公路水泥混凝土路面原材料与配合比设计 ············ 87
4.1 路面混凝土技术要求 ·· 87
　4.1.1 工作性 ·· 87
　4.1.2 强度 ··· 87
　4.1.3 耐久性 ·· 88
4.2 混凝土原材料技术指标 ··· 89
　4.2.1 水泥品种与强度要求 ··· 89
　4.2.2 矿物掺合料 ··· 90
　4.2.3 粗集料 ·· 92
　4.2.4 细集料 ·· 94
　4.2.5 外加剂 ·· 97
　4.2.6 拌和水 ·· 98
4.3 普通路用混凝土配合比设计 ··· 98

4.3.1 配合比设计要求	98
4.3.2 配合比设计步骤	100
4.3.3 普通路面混凝土目标配合比设计方法	100
4.3.4 施工配合比检验和调整	103
4.3.5 工程示例	103
4.4 路用碾压混凝土配合比设计	107
4.4.1 技术性能	107
4.4.2 碾压混凝土配合比设计原则与要求	107
4.4.3 碾压混凝土材料组成及性能要求	108
4.4.4 碾压混凝土配合比设计指标	109
4.4.5 碾压混凝土配合比设计步骤	110

第5章 农村公路水泥混凝土路面面层施工 ... 114

5.1 施工准备	114
5.1.1 设备配置	114
5.1.2 施工组织设计	115
5.1.3 基层准备	116
5.1.4 施工放样	116
5.1.5 模板安装	117
5.1.6 雨季施工	117
5.1.7 夏季施工	118
5.2 混凝土搅拌与运输	118
5.2.1 混凝土的搅拌	118
5.2.2 混凝土的运输	120
5.3 面层摊铺整平	121
5.3.1 摊铺	121
5.3.2 振捣	123
5.3.3 三辊轴整平	124
5.3.4 精平饰面	125
5.4 抗滑构造施工	125
5.4.1 刻槽法	125
5.4.2 制毛法	126
5.4.3 槽毛结合法	127
5.4.4 表面除浆(露石)法	127
5.4.5 集料嵌入法	128

5.4.6 表面提浆法 128
5.5 接缝施工 129
    5.5.1 新板切缝 129
    5.5.2 接缝 130
    5.5.3 填缝 131
5.6 面层养生 131
5.7 质量检验与服役期评价 133
    5.7.1 施工后的质量检验 133
    5.7.2 服役期间的质量评价 133

第6章 水泥混凝土路面的养护及维修 136
6.1 水泥混凝土路面养护 136
    6.1.1 路面的清扫保洁 136
    6.1.2 接缝养护及填缝料更换 137
    6.1.3 路面冬季养护 138
    6.1.4 病害的临时处理 139
6.2 水泥混凝土路面维修 140
    6.2.1 水泥混凝土路面破损维修 140
    6.2.2 水泥混凝土路面板块修复与表面功能修复 143

参考文献 149

第1章 绪　　论

1.1　农村公路概念及重要意义

我国是一个传统的农业大国,聚族而居、随遇而安构成了农耕文明的特色。根据第六次全国人口普查数据,居住在乡村的人口为6.7亿人,占全国总人口的50.32%。然而,农村的经济发展水平远远落后于城镇。农村的闭塞不改变,农业的落后不改变,农民的贫困不改变,中国的小康社会就不会来临。改变这一切的必然要求、重要前提和基础条件,就是发展农村公路。

2003年,国家发展计划委员会和交通部联合印发的文件中首次将"农村公路"定义为"一般是指通乡(镇)、通行政村的公路"。2005年,国务院办公厅在相关文件中重新表述为:"农村公路(包括县道、乡道和村道),是全国公路网的有机组成部分,是农村重要的公益性基础设施"。农村公路作为公益性最强的公共基础设施,属于典型的公共物品,是农民生产生活、农村经济社会发展的基础。过去几十年时间里,我国农村地区的发展经验表明,农村公路系统只有不断建设完善,才能为农村地区经济社会的稳步发展、广大农民生活质量的快速提升奠定扎实的基础。

1.2　我国农村公路发展概况及技术状况

1.2.1　我国农村公路发展概况

我国的农村公路经历了三个发展阶段,经历了"通达"向"通畅"的转变,实现量变到质变的转变。第一个阶段是农村公路的普及阶段,主要发生在新中国成立到改革开放初期,农村公路建设从无到有。由于建设资金和经验积累仍不足,发展较为缓慢。此阶段农村公路建设的首要目标在于解决农村地区的通行问题,已建公路的等级普遍较低,远远满足不了农村地区的发展需求。截至1978年,全国农村公路总里程仅为58.6万km,且很多乡镇和村庄仍未通公路。第二个阶段是农村公路的提高阶段,主要介于1979年至2002年。该阶段我国农村公路得到一定的发展提高。截至2002年底,全国农村公路建设总里程达133.7万km,且等级公路的发展取得较大的突破,约占总里程的74.4%。第三阶段是农村公路的大投入与大发展阶段,主要发生在2003年以后。为了响应国家建设社会主义新农村的发展要求,交通运输部制定了"修好农村路,服务城镇化,让农民兄弟走上油路和水泥路"的工作目标,对农村公路的投资结构进行重大调整,实施了"东部地区通村、中部地区通乡、西部地区通县"工程,启动"农村渡口改造"和"农村客运站点"建设。各级政府都加大了农村公路资金投入,全国农村公路建设步入了一个快速发展的新时期。2005年,国务院颁布的《全国农村公路建设规划》对我国农村公路中长期发展提出明确的要求,为促进我国农村公路建设的快速化、有序化与规范化提供了重要的保障。据统计,2016年底我国农村公路(含县道、乡道、村道)总里程达395.98万km。全国乡(镇)、建制村基本全部实现通公路。其中,通硬化路面的乡(镇)高达99.0%以上,通硬化路面的建制村也达到96.7%左右。在该阶段,全国的农村交通环境得到改善,农村物流逐渐发展,且城乡互动日趋频繁。

1.2.2 我国农村公路技术状况

为了更好地指导农村公路的建设,保证农村公路设计与施工的进一步规范化,2004年交通部公路司颁布的《农村公路建设标准指导意见》明确指出农村公路建设应坚持"规划先导、因地制宜、量力而行、分步实施"的基本原则,内容包括总则、控制要素、路线、路基路面、桥涵、隧道、交通工程及沿线设施、村镇道路等,为农村公路建设提供了重要的依据。

近年来我国部分省区市对农村公路路面建设开展了大量的研究工作,并出台相关的文件,为当地农村公路的建设提供技术指导。例如:甘肃省出台了《甘肃省农村公路工程技术标准》,对适用范围、农村公路等级、环境保护作出明确的解释,规定了交通车辆、行车速度、公路用地以及路线、路基路面、沿线设施等的设计要求;黑龙江省制定了《黑龙江省通县乡公路建设主要技术政策》,分别从筑路材料、路面结构、路面改造以及公路排水等方面给出比较明确的要求;重庆市出台了《重庆市农村公路施工简易手册》,明确了道路的等级划分、路面结构形式、排水设计、筑路材料、施工工艺以及质量评定等方面的建设要求;吉林省出台了《吉林省乡村道路工程技术标准》,对农村公路的定义、行车速度的确定、路面结构层最小厚度等问题进行了详细的解释;四川省制定了《低交通量公路路面典型结构设计指南》,定义了低交通量公路为折合为小客车(≤19座的客车和载质量≤2t 的货车),单车道平均日交通量小于400辆,或双向车道年平均交通量小于2000辆的四级公路,为当地低交通量公路路面的新建和改建设计提供指导。此外,西藏、内蒙古、辽宁、广东等省区市也根据当地农村地区的实际情况制定了相应的农村公路设计与施工指南。

总结而言,由于各个地区的交通状况及自然地理条件等方面存在差异,不同地区的农村公路所采用的路面结构形式不尽相同。因此,在农村公路关键技术研究的过程不能照搬其他地区的工程经验,必须结合当地的实际情况加以考虑。

1.3 国外低交通量公路发展

国外对低交通量公路的研究起步较早,研究成果较多。国际第一届低交通量道路会议于1975年召开,之后每隔四年召开一次。世界各地研究者依托该会议平台得以交流学习不同地区低交通量道路路面材料、结构设计与施工建设等方面的最新研究成果,极大地促进了低交通量公路的发展。其中,英国、美国、意大利、加拿大、澳大利亚、新西兰、南非等国家对低交通量公路研究起步较早,基于本国的实际情况开展了很多研究,且取得较好的研究成果。

英国的公路网系统非常先进,目前已经实现了户户通公路的目标。低交通量公路建设任务主要致力于提高路面的耐久性。为了实现该目标,英国低交通量公路建设所采用的路面材料与高等级公路基本一致。

美国对修建低交通量公路的混凝土材料进行过专门的研究,发现材料特性、环境条件以及公路的服务水平这三个因素对低交通量公路性能的影响非常大。美国的低交通量公路设计标准将低交通量公路分成了不同的等级。不同交通量等级公路的结构组合差异较大,具体如表 1-1 所示。美国对交通量很小的公路建议采用集料基层,且面层采用沥青表处的次高级路面形式。

美国低交通量公路设计标准　　　　　　表 1-1

日交通量(ADT)	路面类型及厚度	基层厚度(cm)		
		集料基层	水泥稳定基层	沥青基层
<1000	双层沥青表处	20	—	
	双层沥青表处	—	15	—
1000~2000	双层沥青表处	28	—	
	双层沥青表处	—	20	
2000~3000	双层沥青表处	—	20	
	8cm 沥青混凝土		20	
	6cm 沥青混凝土	—	—	14
3000~4000	10cm 沥青混凝土		20	
	7.6cm 沥青混凝土			15
>4000	12.7cm 沥青混凝土		20	—
	10cm 沥青混凝土			15
	20cm 普通混凝土或连续配筋	—	15 或 10	
州际公路	10cm 沥青混凝土	—	—	21.6
	23cm 普通加强混凝土路面		15 或 10	
	20cm 连续加强混凝土路面		15 或 10	

西班牙的低交通量公路里程占该国公路总里程的比例高达 84%,因此西班牙也十分重视低交通量公路的建设。西班牙对筑路材料开展了许多研究,在低交通量公路上的研究主要是通过采用粉煤灰、矿渣等代替部分水泥,以降低公路的造价。在研究初期,西班牙采用的是对粒状材料进行多次罩面处理的方法,但是该方法后期养护费用非常昂贵。后期西班牙对低交通量公路采用碾压混凝土路面形式,且研究表明碾压混凝土路面使用寿命长、养护少,工程成本在公路服务年限内大大减少。由于西班牙车辆的轴载相对较大,因此其混凝土路面的厚度也相对较大。对于轻荷载交通类型的公路,根据路基设计加州承载比(CBR)的不同,西班牙低交通量路面典型结构如表 1-2 所示。

意大利有相当大比重的低交通量公路采用混凝土块路面和碾压混凝土路面结构形式。相比于水泥混凝土路面,该两种路面结构形式均能节约修筑成本,且养护维修简单方便,取得了很好的工程效益。图 1-1 为意大利混凝土块路面的铺筑程序。

西班牙低交通量路面典型结构　　表1-2

设计CBR		10以下	10~20	20以上
轻级交通量		25cm碾压混凝土 15cm抗冲刷贫混凝土 路基	15cm碾压混凝土 15cm水泥稳定碎石 路基	8cm沥青混凝土 15cm碾压混凝土 20cm水泥稳定土 路基

图1-1　意大利路基砂垫层和混凝土块路面铺筑

日本在低交通量公路研究过程中重视理论计算与实际试验的结合,以重型交通量和土基的承载力为基础进行设计,根据土基承载能力的不同,可以采用水泥稳定处理或粒状材料处理基层结构。对于轻荷载交通类型的道路,混凝土路面板的标准弯拉强度应为4.5MPa。根据路基设计CBR的差异,日本低交通量路面典型结构如表1-3所示。

日本低交通量路面典型结构　　表1-3

设计CBR		4	6	8以上
低交通量等级	水泥稳定处理	15cm混凝土板(4.5MPa) 20cm水泥稳定处理(2MPa) 路基	15cm混凝土板(4.5MPa) 15cm水泥稳定处理(2MPa) 路基	15cm混凝土板(4.5MPa) 15cm水泥稳定处理(2MPa) 路基

续上表

设计CBR		4	6	8以上
低交通量等级	粒状材料+沥青中间层	15cm混凝土板(4.5MPa) / 4cm沥青中间层 / 10cm级配碎石(CBR>80) / 25cm商品碎石(CBR>20) / 路基	15cm混凝土板(4.5MPa) / 4cm沥青中间层 / 15cm级配碎石(CBR>80) / 路基	15cm混凝土板(4.5MPa) / 4cm沥青中间层 / 15cm级配碎石(CBR>80) / 路基
	粒状材料	15cm混凝土板(4.5MPa) / 20cm级配碎石(CBR>80) / 25cm商品碎石(CBR>20) / 路基	15cm混凝土板(4.5MPa) / 25cm级配碎石(CBR>80) / 路基	15cm混凝土板(4.5MPa) / 20cm级配碎石(CBR>80) / 路基

加拿大由于地广人稀,为了控制建设成本,在其低交通量公路建设中广泛采用砂砾(碎)石类路面结构形式。此类路面结构形式被广大发展中国家所采纳。此外,加拿大还根据本地环境条件研究低造价低交通量公路的修建技术,并强调因地制宜的原则,充分利用当地的材料来修建低交通量公路。

澳大利亚和新西兰的低交通量公路多采用直接在路面基层铺筑碎石封层的技术。工程经验表明,采用该技术的低交通量公路其平均寿命可达10~15年。南非在低交通量公路建设中则采用级配碎石封层、稀浆封层、石屑封层等技术。此外,沙特阿拉伯等国家也对低交通量公路开展了一定的研究,且取得较好的效果。

1.4 农村公路路面类型及特点

路面需要承受车辆荷载、抵抗车轮磨损、保持表面平整。因此,路面的具体要求为:
(1)具备足够的强度,路面在车辆行驶过程中不会发生过大的变形或者破坏;
(2)具备足够的稳定性,在受水文、温度等自然因素影响时,强度不会发生显著的变化;
(3)适宜的平整度,保证车辆行驶安全舒适;
(4)适当的抗滑能力,保证车辆没有滑溜危险;
(5)无扬尘现象,以确保车辆行驶中具有良好的视距,创造良好的行车环境。

1.4.1 一般路面结构

路面结构主要由面层、基层、功能层和路基构成。路面各结构层的功能与设置条件如下:

1) 面层

面层是路面结构直接承受车辆载荷作用的结构层,直接影响行车的安全性、经济性和舒适性。对于水泥混凝土路面,面层应具备足够的强度、良好的耐久和抗滑等性能。常用的水泥混凝土面层包括素混凝土面层、钢筋混凝土面层、连续配筋混凝土面层和预应力混凝土面层。对于沥青路面,直接暴露于环境的面层受大气降水和温度变化的影响较大,需具备足够的结构强度和稳定性。沥青路面的面层通常由2~3层构成,其表面层也称磨耗层,主要用于抵抗交通车辆荷载作用引起沥青混合料的磨耗和松散,应具备抗滑、耐磨、平整、密实、抗裂和耐久性能,通常采用沥青玛蹄脂碎石混合料或沥青混凝土铺筑;中面层和下面层为沥青路面的主面层,中面层应具备耐高温、抗车辙、抗剪切、密实等性能,下面层应具备耐疲劳、抗开裂等性能。中面层和下面层通常采用沥青混凝土铺筑。

2) 基层

基层是位于面层之下的路面结构层。对于水泥混凝土路面,基层能够消除或者减轻路面板板底脱空或错台等病害,同时减小路基变形对混凝土面层的不利影响,为面层正常服役提供良好的工作条件,并改善水泥混凝土路面接缝的荷载传递功能。水泥混凝土路面的基层材料应具备较大的刚度以及良好的抗冲刷能力,常用的水泥混凝土路面基层材料包括贫水泥混凝土、碾压水泥混凝土、沥青混凝土、水泥稳定粒料、沥青稳定碎石、石灰粉煤灰稳定粒料,需根据交通荷载状况选择合适的基层材料。对于沥青路面,基层与面层一起将交通车辆荷载传递至垫层和路基,主要起到承重的作用,因此沥青路面的基层需要具备足够的强度和水稳定性。当基层厚度大时,沥青路面的基层可分设为上基层和下基层,并用不同强度和质量要求的材料修筑。常用的沥青路面基层可分为半刚性基层、柔性基层、混合式基层和刚性基层。

3) 功能层

功能层是在土基与基层之间的结构层,主要起到应力扩散、排水、防污、防冻等功能,通常在路基土质不良、水稳状况较差或路面结构层厚度较小时才设计采用功能层。

4) 路基

作为路面的支撑结构物,为了保证路面不产生过大的变形而发生破坏,路基应具备满足承载要求的稳定性。路床是指位于路面结构以下一定深度范围内的路基部分,其强度和水稳定性直接影响整个公路结构的受力状况。对于高等级公路的建设,为了保证公路的长期使用性能,还需设置路面排水系统和路肩。

1.4.2　农村公路的路面形式

我国农村公路的路面形式主要采用未硬化路面和硬化路面。

(1)未硬化路面又称低级路面,其特点是:强度和刚度极低,平整度差,水稳定性差,雨天泥泞难行,晴天扬尘。虽然未硬化路面在一定程度上解决了农村地区的通达问题,但受气候影响较大,雨季有时不能通车,不能有效解决公路沿线居民的出行问题。

(2)硬化路面可分中级路面、次高级路面以及高级路面三种类型。不同等级的路面具有不同特点,具体如下:

①中级路面通常采用泥结碎石、水结碎石、级配碎(砾)石、不整齐石块等作为面层,适应较小的交通量;缺点在于强度和刚度低,稳定性差,使用期限短,平整度差,易扬尘,行车速度低

且舒适性差,虽然初期建设成本很低,但易受雨水冲刷,后期运营维护成本也较高。

②次高级路面通常采用沥青贯入碎(砾)石、冷拌沥青碎(砾)石、沥青表面处治、半整齐石块等作为面层,行车舒适性得到明显的改善;缺点在于强度和刚度较低,使用寿命较短,行车速度低,建设投资虽比高级路面低,但需定期维修和养护。

③高级路面通常采用沥青混凝土、热拌沥青碎石、水泥混凝土或整齐石块作为面层,特点在于强度高、刚度大、稳定性好、使用年限长、可适应交通量大、无尘埃、路面平整、车速高、运输成本低、养护费用少;缺点在于初期建设投资大,对修筑材料的质量要求较高。

1.4.3 农村公路的路面特点

当前我国农村公路硬化路面主要包括弹石路面、沥青路面、水泥混凝土路面等类型。各种路面的特点分别如下。

1) 弹石路面

弹石路面的一般结构为弹石面层+砂垫层+基层+路基,视情况可设底基层或路基调平层,如图 1-2 所示。弹石块体一般由石料或混凝土制备而成。在外力作用下,由于路拱的存在和边缘的约束作用,弹石面层的受力状态类似于拱结构。在车辆荷载的作用下,弹石块体处于受压状态,可以充分发挥石料和混凝土抗压强度高的优点。但是弹石路面的防水性能差,雨水容易从接缝渗入结构层内部,降低路面强度。

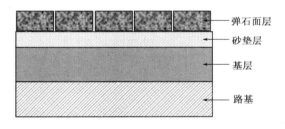

图 1-2 弹石路面结构示意图

2) 沥青路面

沥青路面是指在矿质材料中掺入路用沥青材料铺筑而成的各类路面。沥青路面结构主要由面层、基层、底基层、垫层组成,属于柔性路面范畴,但沥青路面的基层除了可以采用柔性材料外,也可采用刚性的水泥混凝土,或半刚性的水硬性材料。沥青路面的优点在于路面平整、少扬尘、行车舒适性好、噪声小、对路基和地基变形等不均匀沉降的适应性强。但其缺点在于沥青混凝土路面易产生车辙等早期破坏现象,此外,沥青混合料的孔隙率大,耐水性差,容易发生水损坏。我国农村公路常见的沥青路面结构如表 1-4 所示。

3) 水泥混凝土路面

水泥混凝土路面具有优良的高温稳定性和水稳定性,经浇筑并养生至规定的龄期后,基本上不会随温度的变化发生明显的老化或物理性能退化;水泥混凝土还有较强的抗水损坏性能,不易产生疲劳变形。平整度的保持期长,服役使用年限较长。但水泥混凝土路面的缺点是行车舒适性差,在地基沉降条件下易形成脱空,容易发生断板破坏。此外,破损水泥混凝土路面板的清除和修复工作难度较大。我国农村公路常见的水泥混凝土路面结构如表 1-5 所示。

我国农村公路常见沥青路面结构 表1-4

交通量		大	中等	小
县道	面层	3~4cm 中粒式沥青混凝土+4~7cm 细粒式沥青混凝土	4~5cm 沥青贯入式+5cm 沥青混凝土	0.5~1.0cm 下封层+3~4cm 沥青碎石；4~8cm 贯入式+1.5~2.0cm 沥青拌和层
县道	基层	18~25cm 二灰土/水泥土+18~25cm 二灰（水泥）稳定集料（干燥路段）		20~30cm 石灰土+18~25cm 水泥石灰土（石料缺乏的干燥路段）
县道	基层	20~30cm 级配碎石/砂砾+18~25cm 二灰（水泥）稳定集料（石料丰富地区）		20~30cm 未筛分碎石/手摆片石+18~25cm 水泥稳定集料或级配碎石（交通量小的山区）
乡道	面层	3~8cm 沥青混凝土	3~8cm 沥青混凝土；3~5cm 沥青碎石	4.5~8cm 沥青上拌下贯；2~3.5cm 沥青表面处治
乡道	基层	20~30cm 砂砾/级配碎石+18~25cm 二灰（水泥）稳定集料；10~15cm 调平层+20~30cm 石灰土+18~25cm 二灰（水泥）稳定集料（干燥路段）；15~20cm 砂砾/碎石+18~25cm 二灰（水泥）稳定集料（受水影响的路段）	18~25cm 二灰（水泥）稳定集料/水泥土/二灰土；10~15cm 调平层+18~25cm 石灰土/水泥土/石灰稳定集料（缺乏石料的干燥路段）；10~15cm 调平层+18~25cm 水泥土	10~15cm 调平层+10~20cm 泥结碎石（干燥路段）；10~20cm 级配碎石/填隙碎石
村道	经济发达地区	10~15cm 调平层+20~25cm 砂砾/碎石+18~20cm 二灰（水泥）稳定砂砾+1cm 下封层+3~5cm 沥青混凝土		
村道	中部地区	10~15cm 调平层+15~20cm 石灰稳定集料+1cm 下封层+3~5cm 沥青碎石		
村道	经济欠发达地区	10~15cm 调平层+18~25cm 泥结碎石+4.5~8cm 沥青上拌下贯		

我国农村公路常见水泥混凝土路面结构 表1-5

交通量		大	中等	小
县道	面层	面层厚度一般不小于22cm，交通量小的地方可以减薄至21~24cm		
县道	基层	20~30cm 二灰土/石灰土+18~25cm 二灰（水泥）稳定集料；20~30cm 级配碎石/砂砾+18~25cm 二灰（水泥）稳定集料	20~30cm 级配碎石/砂砾+18~25cm 二灰（水泥）稳定集料	20~30cm 石灰土+15~25cm 水泥石灰土（缺乏石料的干燥路段）；20~30cm 未筛分碎石/手摆片石+18~25cm 水泥稳定集料（经济欠发达地区）

续上表

交通量		大	中等	小
乡道	面层	面层厚度一般为20～24cm		
	基层	10～15cm调平层+20～30cm水泥稳定砂砾+18～25cm二灰(水泥)稳定集料	10～15cm调平层+18～25cm水泥稳定砂砾/水泥土	18～25cm石灰土/石灰稳定集料
村道	经济发达地区	10～15cm调平层+18～25cm二灰(水泥)稳定集料+18～23cm水泥混凝土		
	中部地区	10～15cm调平层+18～25cm石灰稳定集料/石灰土+18～23cm水泥混凝土； 10～20cm调平层+18～22cm砂砾/碎石+18～23cm水泥混凝土(交通量小)		
	经济欠发达地区	旧路做路基，采用10～20cm调平层+16～20cm水泥混凝土		

1.5 农村公路水泥混凝土路面的优点与不足

针对农村公路交通量小、建设养护资金短缺等特点，选择与当地自然气候条件、施工技术力量、经济水平相适应的路面类型是十分必要的。相比于沥青路面，水泥混凝土路面具有以下特点：

1.5.1 优点

水泥混凝土路面具有以下优点：

1）刚度大，承载能力高

对基层的承载力要求相对较低，轻交通量的乡村道路、停车场可直接在路基上铺筑水泥混凝土路面。

2）抗高温及水稳性强

水泥混凝土路面在行车荷载作用下常表现为弹脆性，在持续高温作用下不会发生明显的车辙或拥包等病害而影响路面的平整度，且具有良好的水稳定性，能够在降雨量较大的地区和在短期浸水的环境中使用。

3）弯拉强度高、疲劳寿命长

水泥混凝土路面的强度高，其弯拉强度一般不小于4.0MPa、抗压强度一般不小于30MPa，混凝土面板在标准交通车辆荷载作用下的疲劳寿命较长。

4）耐久性优良且服役寿命长

在结构设计和施工质量无明显缺陷的前提下，水泥混凝土刚性路面的抗冻、耐候、抗滑、耐磨等耐久性能优良，作为无机材料，不存在沥青等有机材料的老化问题。因此，水泥混凝土路面的耐久性优于沥青路面。例如，美国20世纪六、七十年代建造的大多数水泥混凝土路面尽管已经服役近50年，但至今仍维持很高的服役水平。

5）集料要求相对较低，利于就地取材

除了表面裸石路面对集料性质要求较高外,水泥混凝土路面对粗集料的磨光值和磨耗值的要求相对较低,可使用的粗集料种类较广泛,方便就地取材。

6)建设技术难度低

热拌沥青混凝土路面对施工设备要求高,建设技术难度高,而水泥混凝土路面可充分利用当地的水泥地材,施工设备及技术要求相对较低,可发动沿线群众参与。

1.5.2 不足

虽然水泥混凝土路面的优势较突出,但是其本身也存在以下的不足:

1)行车舒适性相对差

路用水泥混凝土刚度和模量较大等特性会导致行驶中的车辆发生颠簸,行车噪声较大;此外,在外界环境作用以及行车荷载耦合作用下,水泥混凝土路面的接缝容易发生损坏,进而影响行车的舒适性。

2)对超载及基底脱空较为敏感

超载是我国公路系统面临的主要问题,如果水泥混凝土路面结构设计不当或者施工质量不符合设计要求,在交通车辆荷载反复作用下,水泥混凝土路面板底部容易出现脱空,从而产生断板、断边、断角等病害。

3)水泥混凝土路面修补和维修工作较困难且周期长

水泥混凝土密度大、硬度大,在缺乏修复新材料和设备时,移除破损路面板难度较大,从而增加水泥混凝土路面板维修工作的难度。此外,由于普通水泥混凝土材料硬化、养护时间较长而导致路面开放交通时间较晚。

综合而言,虽然水泥混凝土路面存在一些不足,但由于农村公路的交通量较少且车辆荷载较小,行驶多以农用车和畜力车等轻型车辆为主,行车速度慢,对行车舒适性要求不高,加上我国许多地区水泥资源丰富,水泥混凝土路面的建设养护对设备要求不高,因此,农村公路采用水泥混凝土结构形式不失为一种好的选择。

第2章 水泥混凝土路面应用现状及病害分析

2.1 水泥混凝土路面的现状

水泥混凝土路面是以水泥混凝土作为面层(配筋或不配筋)的路面,与以沥青混凝土作为面层的沥青混凝土路面共同组成了我国有铺装路面的道路系统。根据交通运输部提供的2015年公路里程统计数据,我国各种路面的建设情况如表2-1所示。

公路里程(按路面类型分,单位:km)　　　　表2-1

地区	总计	有铺装路面(高级)			简易铺筑路面	未铺装路面
		合计	沥青混凝土	水泥混凝土	(次高级)	(中级、低级、无路面)
全国总计	4577296	2836445	790153	2046292	465533	1275318
北京	21885	21406	16413	4993	—	479
天津	16550	16550	12671	3879	—	—
河北	184553	154323	58686	95637	10123	20107
山西	140960	101032	32611	68421	21907	18021
内蒙古	175374	86424	51358	35066	17871	71079
辽宁	120364	55680	46325	9355	23475	41209
吉林	97327	75258	19989	55269	63	22006
黑龙江	163233	114108	12982	101126	889	48236
上海	13196	13196	6292	6904	—	—
江苏	158804	142823	46920	95903	1454	14527
浙江	118015	112115	34048	78067	3982	1918
安徽	186939	113155	21667	91488	18626	55158
福建	104585	84865	6063	78802	1782	17938
江西	156625	119007	13485	105522	4407	33211
山东	263448	181096	76080	105016	65616	16736
河南	250584	146930	41508	105422	41090	62564
湖北	252980	204468	23641	180827	15486	33026
湖南	236886	173227	15308	157919	3600	60059
广东	216023	147976	13979	133997	9418	58629

续上表

地区	总计	有铺装路面(高级)			简易铺筑路面（次高级）	未铺装路面（中级、低级、无路面）
		合计	沥青混凝土	水泥混凝土		
广西	117993	68683	8661	60022	17159	32151
海南	26860	25943	3462	22481	169	748
重庆	140552	65320	13236	52084	7624	67608
四川	315582	183330	35614	147716	21748	110504
贵州	186407	60929	12602	48327	34505	90973
云南	236006	95198	49856	45342	9151	131657
西藏	78349	11405	9621	1784	2332	64612
陕西	170068	107365	24960	82405	20080	42623
甘肃	140052	58185	14029	44156	30878	50989
青海	75592	33290	12935	20355	4587	37715
宁夏	33240	23672	16179	7493	3542	6026
新疆	168263	39488	38973	515	73967	54808

从表 2-1 可以看出，除北京、上海、天津、辽宁、西藏、宁夏、新疆等少数省份外，其他省份水泥混凝土路面的里程均比沥青混凝土的总里程长，安徽、福建、湖南等省份水泥混凝土路面的里程更是沥青混凝土路面里程的 10 倍以上。在全国的有铺装路面中，水泥混凝土路面的占比达到 72.1%，鉴于高等级公路沥青混凝土的比例约占 90%，水泥混凝土路面在农村公路路面中所占比例要更高。

2.2　水泥混凝土路面病害类型

水泥混凝土路面病害形式多样，根据其破坏类型可大致分为结构性破坏和非结构性破坏，这些病害的成因各不相同，但均会严重地影响着水泥混凝土路面的服役水平。《公路水泥混凝土路面养护技术规范》(JTJ 073.1—2001)将水泥混凝土路面的病害归为 4 大类，即断裂类病害、竖向位移类病害、接缝类病害和表层类病害。金志强在此基础上将水泥混凝土路面板的病害划分为裂缝类、接缝类、变形类和松散类 4 大类，其中每一类又包含不同的类型，可细分为 17 种类型，具体如表 2-2 所示。

水泥混凝土路面常见的病害分类　　　　表 2-2

病害分类	具体类型
裂缝类	横向裂缝、纵向裂缝、交叉裂缝、角隅断裂
变形类	路面沉陷、路面拱起
接缝类	接缝填缝料损坏、纵向接缝张开、唧泥和板底脱空、错台、接缝破碎、拱起
表层类	麻面、露骨、起皮、剥落和坑槽

2.2.1 裂缝类病害

裂缝类病害是指水泥混凝土路面面层的贯穿裂缝,按照裂缝出现的方位和板断裂的块数分为:横向裂缝、纵向裂缝、交叉裂缝、角隅裂缝、龟裂。各类裂缝的示例如表 2-3 所示。

不同类型裂缝的示例图　　　　　　表 2-3

类　　型	图　　示
横向裂缝:垂直于行车方向并沿着混凝土面板有规则的贯穿式裂缝。成因包括干缩、温缩、切缝不及时或切缝深度不足等	
纵向裂缝:平行于行车方向所产生的裂缝。纵向裂缝一旦产生,绝大多数都贯穿整个路面结构层。水泥混凝土路面纵向裂缝产生的原因也可分为两个方面:一是由于混凝土的质量不满足使用需求,导致在行车荷载及环境荷载的反复作用下,产生沿行车方向的纵向开裂。二是由于路基或基层处理或施工不到位,出现不均匀沉降或脱空,在行车荷载及环境荷载作用下产生垂直沉降及侧向滑移而导致开裂	
交叉裂缝:两条及两条以上互相交错的裂缝。同一路段产生横向及纵向裂缝就可能形成交叉裂缝,影响因素包括混凝土材料、配合比、水泥用量、用水量、路面结构整体强度、路基处理情况等	
角隅断裂:与混凝土面板纵横缝相连的裂缝。角隅断裂一旦产生,在重载交通的作用下很快发展成严重破碎,裂缝几乎可以贯穿整个结构层	

类 型	图 示
龟裂：路表出现密集而细碎的裂纹。当路基结构整体强度不足或承受的行车荷载及环境荷载耦合作用大于容许荷载时，路面易产生纵横交错、密集而细碎的龟裂	

2.2.2 变形类病害

变形类病害的路面常出现较大的竖向位移，严重影响行车的舒适性和安全性。变形类病害主要包括沉陷和胀起，示例如表2-4所示。

不同变形类病害的示例图 表2-4

类 型	图 示
沉陷：公路整个断面发生较大的竖向位移。破坏主要由于地下水位高、排水不畅、结构整体强度不足或湿陷等路基病害引发。此外，路面基层产生不均匀沉降也会导致路面板沉陷	
胀起：水泥混凝土路面在局部范围内发生向上隆起，两侧板体发生明显抬高。破坏主要原因是混凝土面板膨胀过大，最终使面板纵向失稳出现拱起，影响路面平整度甚至产生裂缝	

2.2.3 接缝类病害

接缝是水泥混凝土路面的薄弱区，接缝处特别容易发生填缝料缺失、接缝破裂等病害。对于这类病害，如果养护修补不及时，水会从接缝处侵入从而形成唧泥、板底脱空、错台等病害。接缝类病害的发生范围虽然是局部的，但往往会引起板块出现断裂而使寿命迅速降低。接缝处的损坏，按照损坏的形态和影响范围可分为接缝填缝料损坏、唧泥和错台、接缝破碎等，示例如表2-5所示。

不同类型接缝类病害的示例图 表2-5

类 型	图 示
填料类损坏：接缝填缝料老化，与板边缘脱开、缺损	
唧泥及错台：唧泥是汽车经过水泥混凝土路面接缝时，缝内喷溅出泥浆的现象，是产生混凝土面板错台的直接原因。错台是混凝土路面接缝两侧混凝土板发生竖直相对位移，两边高差大于5mm。错台的出现直接影响了行车的安全性和舒适性	
接缝破碎：水泥混凝土路面板接缝两侧发生沿接缝的剪切挤碎。此种病害主要出现于接缝两侧数10cm范围内，靠近接缝的混凝土呈现开裂或碎屑状	

2.2.4 表层类病害

水泥混凝土面层表层类病害包括麻面、露骨、起皮、剥落和坑槽等，虽然不影响路面结构强度，但会影响路面的平整度，降低行车质量，并且难以修复。表层病害的示例如表2-6所示。

不同类型表层类病害的示例图 表2-6

类 型	图 示
麻面和露骨：因水泥混凝土路面材料配合比设计或施工不当导致混凝土的耐磨性能较差，在交通荷载的反复作用下，表面的浆体逐渐磨损，粗集料外露	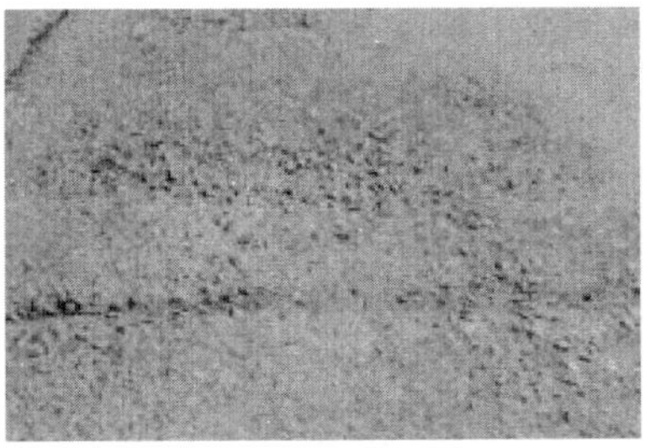

续上表

类　　型	图　　示
起皮与剥落：因混凝土材料使用不当或者施工过程中引入杂物导致路面强度较低，在交通荷载作用下路面表层发生的块状脱落现象	
坑槽：在施工过程中混凝土含有过多的杂质，混凝土成型养护后形成薄弱区，在车辆反复荷载和雨水冲刷的综合作用下，混凝土逐渐起皮剥落最终形成孔洞坑槽的现象。此外，路面局部承受强力冲击作用也会产生坑槽病害	

水泥混凝土路面破坏，多由设计不合理、原材料质量不稳定、施工过程控制不到位等问题导致，并非水泥混凝土路面结构本身存在不可克服的问题。实际工程存在各种不确定和不易控制的因素，对水泥混凝土路面的设计理念和施工方法带来了很大的挑战。要消除水泥混凝土路面的质量通病，必须按现行规范标准严格控制设计、施工、养护过程的质量。

第 3 章　农村公路新建水泥混凝土路面板结构设计

3.1　水泥混凝土路面设计理论与方法

3.1.1　水泥混凝土路面设计理论

与其他类型的路面相比,水泥混凝土路面的特殊性主要体现在:路面板的模量和强度远远高于土基、基层的模量和强度;基层表面与面板之间摩擦力较小;混凝土的弯拉强度远小于抗压强度;路面板的厚度远小于路面板的板长与板宽,在荷载作用下挠度较小。所以结构分析时应注意以下几点:

(1)由于混凝土路面板的模量和强度远远高于土基、基层的模量和强度,所以基层和土基的模量和强度对结构应力影响不大,可以将下层结构视为统一材料的弹性体。

(2)由于基层表面与面板之间摩擦力较小,在力学模型中可以忽略摩擦力,即板块和地基之间只有竖向作用力而没有水平作用力。

(3)由于混凝土的弯拉强度远小于抗压强度,将其弯拉强度作为板尺寸和厚度设计的控制指标。

(4)由于路面板的厚度远小于路面板的板长与板宽,在计算时可以假定混凝土路面板为薄板,采用小挠度弹性薄板理论进行受力分析。

一般而言,地基计算模型可以分为均匀弹性地基模型和非均匀弹性模型。均匀弹性模型主要包括两大类:传统地基模型(温克勒地基模型、弹性连续介质模型、双参数地基模型、黏弹性模型等)和复杂地基模型(横向各向同性弹性半空间地基模型、各向同性饱和弹性半空间地基模型、横向各向同性饱和弹性半空间地基模型等)。目前水泥混凝土路面在分析时多简化为均匀弹性地基上的薄板模型,地基主要采用温克勒地基、弹性半空间地基模型以及兼具二者特点的双参数地基模型。

弹性地基板体系设计理论与方法的技术要点如表 3-1 所示。

弹性地基板体系设计理论与方法的技术要点　　　　表 3-1

设计理论与方法	适用范围与技术要点
设计对象	水泥混凝土路面板
设计理论	弹性地基板理论
设计方法	以弹性地基板理论的计算结果为设计依据,给定交通量及路面材料强度等设计参数,利用设计极限状态方程计算水泥混凝土路面板的临界厚度,据此进行路面结构设计

续上表

设计理论与方法	适用范围与技术要点
设计模型	弹性半空间地基上弹性薄板力学模型
设计荷载	双轮组单轴载 100kN（BZZ–100kN）
设计标准	$r_r(\sigma_{pr}+\sigma_{tr}) \leq f_r$
验算标准	$r_r(\sigma_{p,\max}+\sigma_{t,\max}) \leq f_r$

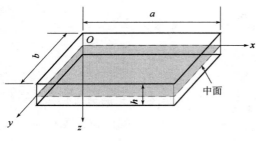

图 3-1　小挠度薄板坐标系

3.1.1.1　弹性薄板理论

当板结构的厚度与平面最小尺寸的比值介于 1/5～1/8 时，可称其为薄板结构。其中，平分薄板厚度的平面称为中面，具体如图 3-1 所示。薄板弯曲时，中面弯曲所成的面称为弹性曲面。薄板结构可以抗弯、抗扭，并可承受平面内的应力。小挠度薄板理论指的是板在垂直荷载作用下路面板的挠度 w 远小于板厚 h，属于纯弯曲变形范畴。当前绝大多数水泥混凝土路面板的结构设计均以小挠度薄板理论为基础。

小挠度薄板分析采用的基本假设如下：

（1）薄板 z 方向的应变可忽略不计，即 $\varepsilon_z = \dfrac{\partial w}{\partial z}=0$，薄板厚度方向上各点的挠度均相等，因此挠度 $w=w(x,y)$ 仅是平面坐标 (x,y) 的函数。

（2）薄板中面的法线在变形前后均保持为直线，长度保持不变，且垂直于弹性曲面，该假设也称为直法线假定。因此薄板的应力分量 τ_{zx}、τ_{zy} 和 σ_z 引起的形变分量忽略不计，即 $\gamma_{zx}=\gamma_{zy}=0$。

（3）薄板的中面内各点不会产生平行于中面的位移，即 $U_{z=0}=V_{z=0}=0$。

基于上述的三个假设条件可以得到薄板的物理方程和几何方程如下：

物理方程：
$$\begin{cases}\varepsilon_x=\dfrac{1}{E}(\sigma_x-\mu\sigma_y)\\ \varepsilon_y=\dfrac{1}{E}(\sigma_y-\mu\sigma_x)\\ \gamma_{xy}=\dfrac{2(1+\mu)}{E}\tau_{xy}\end{cases} \quad (3-1)$$

几何方程：
$$\begin{cases}\varepsilon_x=\dfrac{\partial u}{\partial x}=-\dfrac{\partial^2 w}{\partial x^2}z\\ \varepsilon_y=\dfrac{\partial v}{\partial y}=-\dfrac{\partial^2 w}{\partial y^2}z\\ \gamma_{xy}=\dfrac{\partial u}{\partial x}+\dfrac{\partial v}{\partial y}=-2\dfrac{\partial^2 w}{\partial x\partial y}z\end{cases} \quad (3-2)$$

由物理方程和几何方程可以得到薄板的应力-应变-位移关系式如下：

$$\begin{cases} \sigma_x = \dfrac{E}{1-\mu^2}(\varepsilon_x + \mu\varepsilon_y) = -\dfrac{Ez}{1-\mu^2}\left(\dfrac{\partial^2 w}{\partial x^2} + \mu\dfrac{\partial^2 w}{\partial y^2}\right) \\ \sigma_y = \dfrac{E}{1-\mu^2}(\mu\varepsilon_x + \varepsilon_y) = -\dfrac{Ez}{1-\mu^2}\left(\mu\dfrac{\partial^2 w}{\partial x^2} + \dfrac{\partial^2 w}{\partial y^2}\right) \\ \tau_{xy} = \dfrac{E}{2(1+\mu)}\gamma_{xy} = -\dfrac{Ez}{1+\mu}\times\dfrac{\partial^2 w}{\partial x \partial y} \end{cases} \quad (3\text{-}3)$$

整理可得薄板的弯矩和扭矩如下：

$$\begin{cases} M_x = \int_{-h/2}^{h/2} z\sigma_x \mathrm{d}z = -D\left(\dfrac{\partial^2 w}{\partial x^2} + \mu\dfrac{\partial^2 w}{\partial y^2}\right) \\ M_y = \int_{-h/2}^{h/2} z\sigma_Y \mathrm{d}z = -D\left(\mu\dfrac{\partial^2 w}{\partial x^2} + \dfrac{\partial^2 w}{\partial y^2}\right) \\ M_{xy} = \int_{-h/2}^{h/2} \tau_{xy} z \mathrm{d}z = -D(1-\mu)\dfrac{\partial^2 w}{\partial x \partial y} \end{cases} \quad (3\text{-}4)$$

$$\begin{cases} Q_x = \int_{-h/2}^{h/2} \tau_{xz} \mathrm{d}x = -D\dfrac{\partial}{\partial x}\nabla^2 w \\ Q_y = \int_{-h/2}^{h/2} \tau_{yz} \mathrm{d}y = -D\dfrac{\partial}{\partial y}\nabla^2 w \end{cases} \quad (3\text{-}5)$$

式中：$D = \dfrac{Eh^3}{12(1-\mu^2)}$——板的弯曲刚度；

E——板的弹性模量；

μ——板的泊松比；

h——板厚。

根据薄板的三个基本假定与荷载平衡条件可推导出薄板弹性曲面的基本平衡方程如下：

$$D\nabla^2\nabla^2 w = q \quad (3\text{-}6)$$

式中：$\nabla^2 = \dfrac{\partial^2}{\partial x^2} + \dfrac{\partial^2}{\partial y^2}$——拉普拉斯算子；

q——地基反力。

3.1.1.2 温克勒弹性地基模型

温克勒地基模型是由捷克工程师温克勒提出的一种弹性地基模型，最早用于铁路路基的分析计算，在该模型中，地基顶面任意位置的反力 q 与该处的沉降（即路面板的挠度 w）的关系如下：

$$q(x,y) = k \times w(x,y) \quad (3\text{-}7)$$

式中，k 为地基的基床系数或地基反力系数。

温克勒地基上的板模型如图 3-2 所示，地基采用一系列相互独立的弹簧来表征，地基任意位置的位移只与该处的作用力有关。从本质上看，温克勒地基模型把地基当作由无数个相互独立的弹簧所组成，即不考虑地基土的剪力，地基上任意一点的位移只与该点的应力有关，且地基的

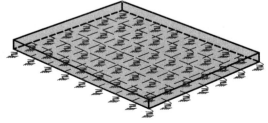

图 3-2 温克勒地基上的板模型

变形只发生在板平面范围内,不考虑板平面外的变形。

因此,温克勒弹性地基模型只适用于以下的工况:

(1)含有淤泥、软黏土等抗剪强度很低的半液态土地基或者塑性区相对较大的地基;

(2)压缩性比较高的软土地基、薄的破碎岩层及非均匀土层;

(3)压缩层下有硬层且压缩层较薄的地基(因其受压面积较大且剪力较小);

(4)浅地基。

此外,采用温克勒地基模型也能较方便计算土质地基与基础结构相互作用动力以及稳定性方面的问题。以温克勒地基为基础的计算方法应用很广,目前世界上多数国家采用这种方法。虽然温克勒地基模型低估了地基的侧向作用,但其分析结果偏于安全。

3.1.1.3 威斯特卡德荷载应力分析

基于温克勒地基模型,威斯特卡德于1925年推导了由荷载引起混凝土板的应力计算公式,分别研究了三种不同荷位下路面板的应力和挠度,三种荷载是:车轮圆形均布荷载作用于板的中心位置,荷载距离板边界距离相当;车轮半圆形均布荷载作用于板的边缘,圆心位于板边缘处;车轮圆形均布荷载作用于角隅,圆周与两边相切。之后,威斯特卡德应力与挠度的计算公式在不断修正中得到完善。三种荷载位置计算公式如下:

1)荷载作用于板中心位置

由荷载引起的板底最大拉应力 σ_i 按式(3-8)计算:

$$\sigma_i = 1.1(1+\mu_c)\left(\lg\frac{l_c}{R_c} + 0.2673\right)\frac{P}{h_c^2} \tag{3-8}$$

式中:μ_c——面板混凝土的泊松比;

R_c——荷载作用圆形区域的半径;

P——荷载大小;

h_c——混凝土面板的厚度;

l_c——混凝土路面板的相对刚性半径,其计算公式如下:

$$l_c = \sqrt[4]{\frac{E_c h_c^3}{12(1-\mu_c^2)k}} \tag{3-9}$$

式中:E_c——面板混凝土的弹性模量。

荷载作用于板中心位置时最大应力处的挠度变形 ω_i 按式(3-10)计算:

$$\omega_i = \frac{Pl_c^2}{8D_c} \tag{3-10}$$

式中:$D_c = \dfrac{E_c h_c^3}{12(1-\mu_c^2)}$——混凝土路面板的弯曲刚度。

当荷载作用圆形区域的半径 R_c 与板厚 h_c 相差较小时,厚度效应会增强,弹性薄板假定将不再适用,应采用当量半径 b_c 取代实际半径 R_c 来考虑厚度效应的影响。b_c 和 R_c 关系式按式(3-11)确定:

$$b_c = \begin{cases} \sqrt{1.6R_c^2 + h_c^2} - 0.675h_c & R_c < 1.724h_c \\ R_c & R_c \geq 1.724h_c \end{cases} \tag{3-11}$$

2) 车轮半圆形均布荷载作用于板的边缘

由荷载引起的板底最大拉应力 σ_e 按式(3-12)计算：

$$\sigma_e = 2.116(1 + 0.54\mu_c)\left(\lg\frac{l_c}{R_c} + 0.08975\right)\frac{P}{h_c^2} \quad (3\text{-}12)$$

车轮半圆形均布荷载作用于板的边缘时最大应力处的挠度变形 ω_e 按式(3-13)计算：

$$\omega_e = \frac{1}{\sqrt{6}}(1 + 0.4\mu_c)\frac{P}{kl_c^2} \quad (3\text{-}13)$$

阿灵顿试验发现，当板边缘存在翘曲变形或者地基发生塑性变形而与地基脱空时，实测值比基于式(3-12)计算的应力结果高30%左右。因此，凯利根据试验结果提出了由荷载引起的板底最大拉应力的修正公式如下：

$$\sigma_e' = 2.116(1 + 0.54\mu_c)\left(\lg\frac{l_c}{R_c} + \frac{1}{4}\lg\frac{R_c}{2.54}\right)\frac{P}{h_c^2} \quad (3\text{-}14)$$

3) 车轮圆形均布荷载作用于角隅

由荷载引起的板底最大拉应力 σ_c 按式(3-15)计算：

$$\sigma_c = 3\left[1 - \left(\frac{\sqrt{2}R_c}{l_c}\right)^{0.6}\right]\frac{P}{h_c^2} \quad (3\text{-}15)$$

车轮圆形均布荷载作用于角隅时最大应力处的挠度变形 ω_c 按式(3-16)计算：

$$\omega_c = \left(1.1 - 0.88\frac{\sqrt{2}R_c}{l_c}\right)\frac{P}{kl_c^2} \quad (3\text{-}16)$$

当路面板在温度梯度作用下发生板角翘曲或者地基在车辆荷载反复作用下发生塑性变形时，路面板和地基之间将产生脱空，这会加剧路面板的不利受力状态，导致实测应力比计算结果高出30%~50%。因此凯利根据试验结果提出了由荷载引起的板底最大拉应力的经验修正公式：

$$\sigma_c' = 3\left[1 - \left(\frac{\sqrt{2}R_c}{l_c}\right)^{1.2}\right]\frac{P}{h_c^2} \quad (3\text{-}17)$$

3.1.1.4 弹性半空间地基模型

弹性半空间地基模型将地基简化为一个均质各向同性的半无限大连续弹性体，其力学特性采用弹性模量 E_s 和泊松比 μ_s 来表征。根据布辛涅斯克解，在集中荷载 P 的作用下(图3-3)，地基顶面任意位置的竖向挠度变形 $w(L)$ 可由式(3-18)计算得到：

$$w(L) = \frac{1 - \mu_s^2 E_s}{\pi E_s} \times \frac{P}{L} \quad (3\text{-}18)$$

式中：L——地基顶面该位置与集中荷载 P 作用点 O 的相对距离。

由于在实际情况中路面板与地基具有一定的接触面积，为了计算均布荷载作用下地基顶面任意位置的挠

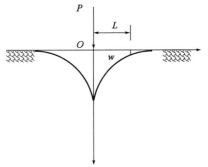

图3-3 弹性半空间地基受集中力作用

度变形，可以将分布荷载视为由一系列的集中荷载组成，进而任意位置的挠度变形即为所有集中荷载在该位置产生的挠度变形之和。假设地基顶面某区域 Ω 内作用分布荷载为 q（图3-4），根据式(3-18)可以得到地基顶面任意位置 (x,y) 处的竖向挠度变形计算公式如下：

$$w(x,y) = \frac{1-\mu_s^2}{\pi E_s} \iint_\Omega \frac{q(\xi,\eta)}{\sqrt{(x-\xi)^2+(y-\eta)^2}} d\xi d\eta \tag{3-19}$$

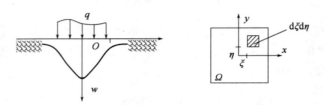

图3-4　弹性半空间地基受分布荷载作用

3.1.1.5　双参数地基模型

由于温克勒地基模型未考虑剪力的作用，在理论上存在一些不足之处，即不能扩散应力和变形。弹性半空间模型理论较为严密，但是其解析解较为复杂，在实际运用中存在一些局限性。为了建立更为合理且实用的地基模型，学者在这两种地基模型的基础上发展得到双参数地基模型。双参数地基模型采用两个相互独立的力学参数来表征地基的性质，能够克服温克勒模型的理论缺陷，同时计算要比弹性半空间地基模型更为简单。

双参数地基模型大体上可以分为两大类：第一类是基于温克勒地基模型，在弹簧单元之间增加必要的约束来考虑地基的连续性，该类模型包括费氏（Filonenko-Borodich）模型（图3-5）、巴氏（Pasternak）模型及海藤义（Hetenyi）模型等。第二类是基于弹性连续介质力学理论，通过引入约束或者荷载分布的假设来简化计算，该类模型包括符拉索夫（Vlazov）模型、瑞斯纳（Reissner）模型等。

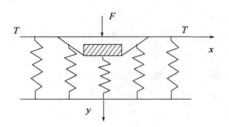

图3-5　费氏地基模型示意图

双参数地基模型的地基反力的一般表达式如下：

$$p(x,y) = kw(x,y) - G_s \nabla^2 w(x,y) \tag{3-20}$$

式中：G_s——地基的剪切模量。

3.1.1.6　弹性多层体系模型

为了考虑不同深度地基力学性质的差异性，国内外学者基于弹性半空间地基模型，发展得到弹性多层体系模型，即将水泥混凝土路面结构视为表面承受圆形均布荷载的弹性多层体系，具体如图3-6所示。为了便于计算路面结构的应力与变形，弹性多层体系模型采取如下的基本假设：

（1）不考虑各层地基材料的重量，且每层地基为均质各向同性线弹性材料，各层材料为无重量、均质、各向同性的线弹性体；

(2) 除了最底层为均质半无限空间体外,每层结构均由有限厚度的均质材料组成;

(3) 不同层之间可假设为理想连接,即层间的位移和应力均完全连续;此外,也可仅考虑不同层间竖向位移和应力连续,而水平方向完全光滑,即不考虑层间的摩阻力;

(4) 作用于路表的荷载具有轴对称的特征,因此可根据轴对称特征简化各层结构位移和应力的计算。

对于承受轴对称荷载作用的弹性多层体系,地基顶面的位移 ω 与表面分布荷载 P 的关系如下:

$$\omega = \frac{1+\mu_1}{E_1} \int_0^\infty P(\xi) J_0(\xi\rho) \{[A_1 - C_1(2-4\mu_1)]e^{-\xi h_1} - [B_1 + D_1(2-4\mu_1)]\} d\xi \tag{3-21}$$

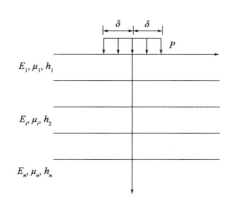

图 3-6 弹性层状体系示意图

式中: E_1、μ_1——顶层结构材料的弹性模量与泊松比;

$J_0(\xi\rho)$——第一类零阶贝塞尔函数;

A_1、B_1、C_1、D_1——由边界条件与连续条件确定的常数。

尽管在重型车辆荷载作用下,地基会呈现非线性、非弹性的特征,导致实际路面结构并非完全符合弹性理论假设。但是大量实验结果表明,基于弹性地基理论基本能保证路面结构的受力安全。因此,当前水泥混凝土路面结构的应力与变形分析仍以温克勒地基或弹性半空间地基假定为基础。此外,弹性多层体系模型目前主要用于沥青路面的分析,在水泥混凝土路面中运用较少,这是因为弹性多层体系模型用于含有接缝的水泥混凝土路面结构的分析时存在困难。

3.1.1.7 非均匀弹性地基模型

对于水泥混凝土路面工程,路面板下方不同位置的地基力学性质往往存在一定的差异,即地基在平面区域分布具有非均匀性。为了更准确地表征地基的非均匀性对路面板受力的影响,国内外学者在温克勒地基模型的基础上,将地基反力系数表示为平面位置 (x,y) 的函数,进而发展得到非均匀温克勒地基模型。在非均匀温克勒地基模型中,地基对路面板的作用力可表达如下:

$$F(x,y) = k(x,y) \times w(x,y) \tag{3-22}$$

在实际工程运用中,为了简化在非均匀温克勒地基模型的计算,通常将地基反力系数简化为 x 和 y 方向的线性函数,或者将地基反力系数进行分区域处理,不同区域的地基反力系数不同。除了非均匀温克勒地基模型之外,目前也发展得到非均匀双参数地基模型。

3.1.2 水泥混凝土路面设计方法

3.1.2.1 设计内容

水泥混凝土路面设计涉及多方面的内容,一般包括结构组合、结构层厚度、材料组成、接缝构造和钢筋配置等内容。鉴于水泥混凝土路面板的平面尺寸和接缝形式对其受力状态影响较大,将直接影响路面板厚度的确定,因此在进行水泥混凝土路面板设计时,一般先确定路面板的平面尺寸和接缝形式,然后再进行路面板厚的设计。水泥混凝土路面板设计的具体内容如下:

1)路面结构层组合设计

路面结构层组合设计需根据当地的交通荷载状况、气候环境以及原材料供应等情况来选择合适的方案。结构层组合设计涉及路基、垫层、基层、面层、路肩和排水系统等方面,通过结构和材料组合优化确保路面能够承受预期的交通荷载作用,同时能提供良好的行车环境。例如,面层材料的选择应保证路面具有符合设计要求的强度、平整度、抗滑性能和耐磨性能。基层和垫层材料的选择应保证其具有满足设计要求的刚度、抗冲刷性能和透水性能。

2)水泥混凝土面板的平面尺寸与接缝设计

路面板的平面尺寸是影响路面板应力的重要因素,除了确保路面板的服役寿命之外,还需要根据交通荷载和温度梯度作用在路面板内产生的应力大小来确定其平面尺寸,之后设计合适接缝布设方案与构造形式,保证路面板块间的接缝传递荷载能力。

3)水泥混凝土面板厚度设计

在确定路面板的平面尺寸和接缝形式后,则可根据设计标准的具体要求来设计路面板的厚度,确保路面板在设计服役寿命期间能承受各类荷载的反复作用。

4)路肩设计

水泥混凝土路面的路肩需根据道路的等级来开展相关的设计,对于高速公路和一级公路,路肩的结构应与行车道相同,并与其浇筑为整体。对于一般公路的水泥混凝土路面,可以在路面结构中设计路缘石或加固路肩。

5)普通水泥混凝土路面的钢筋配筋设计

一般而言,水泥混凝土路面不需进行配筋设计。但是对于有特殊使用需求的路面,还需依据相关的设计规范对水泥混凝土路面板的钢筋配置和构造要求进行设计。

3.1.2.2 我国混凝土路面设计方法

依据现行的设计规范,我国水泥混凝土路面设计流程如图3-7所示。

1)交通参数收集和分析

(1)交通量

交通量是指在一定时间间隔内各类车辆通过某一道路断面的数量。它具有时空分布特性,除了随时间发生变化外,还随空间位置的不同而变化。为了获取准确的交通量,在调查时必须要区分车型,以确定各车型之间的关系,寻求较为理想的换算系数,将不同车型的交通量换算成标准车型的交通量。交通量的观测方法一般包含两大类:一是记录各车型的通行次数;二是直接通过自动记录仪记录通行车辆的轴数与轴载大小,然后根据轴载大小进行统计分类,这种方法称为轴载谱调查。两种方法互相补充又各有特点。

水泥混凝土路面设计中的年平均日交通量可通过既有交通流量观测站的数据资料计算得到,也可通过设置临时观测站进行交通调研得到,但是这种观测通常是短暂且不连续的观测,一般无法满足交通量的长期大量数据统计。为此,可利用当地交通量的时间分布规律,将观测结果分布按月分布不均匀系数、日分布不均匀系数和小时分布不均匀系数换算得到年平均日交通量。

第 3 章 农村公路新建水泥混凝土路面板结构设计

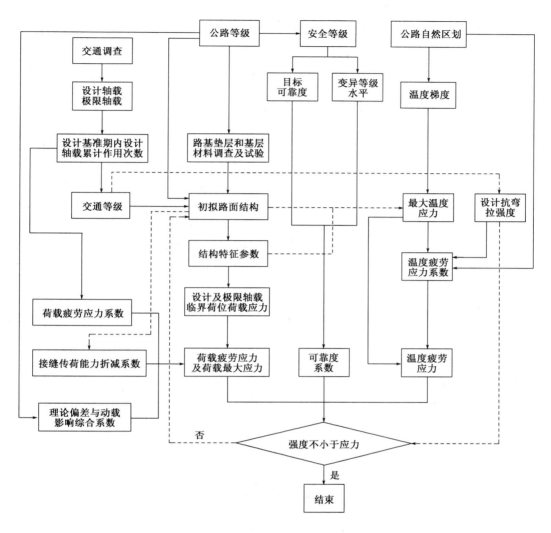

图 3-7 国内水泥混凝土路面设计步骤

计算所得的数据为当年平均日交通量，但路面的交通量是逐年增长的，要获得路面设计年限内的总交通量，还需预估设计年限内的交通量增长。一般来说交通量的增长大致符合一定的增长规律，即以固定的比率（年平均增长率）增长。水泥混凝土路面设计基准期内交通量的年平均增长率可以根据当地的交通经济发展前景以及公路等级来选择合适的设计值。

（2）轮迹横向分布

在路面上行驶时，车轮轨迹的横向分布是不均匀的，总在中心线附近的一定范围内摆动。因此，路面横断面上某点承受的轴载作用次数一般小于通过该断面的总轴载次数。车辆轮迹在车道断面上按一定规律分布，称为轮迹的横向分布。轮迹横向分布系数，即该轮迹范围内所受到的车轮作用次数与通过该横断面总的作用次数的比值。表 3-2 为车辆轮迹横向分布系数在不同等级公路中的取值。

25

车辆轮迹横向分布系数　　　　　表3-2

公　路　等　级		纵缝边缘处
高速公路、一级公路、收费站		0.17~0.22
二级及二级以下公路	行车道宽>7m	0.34~0.39
	行车道宽≤7m	0.54~0.62

注：车道、行车道较窄或者交通量较大时，取高值；反之，取低值。

(3) 标准轴载与轴载换算

我国公路水泥混凝土路面设计规范以轴重为100kN的单轴双轮组荷载作为路面设计的标准轴载。世界上采用100kN为标准轴载的国家最多，占比34%；以80kN为标准轴载的国家次之，占比28%；标准轴载大于100kN的国家占26%；标准轴载为60kN或90kN的国家各占6%。

路面实际承受的车辆轴载通常存在较大的波动，并非标准轴载。为了分析各级非标准轴载对路面板受力的影响，可通过下式将非标准轴载的作用次数转换为标准轴载的作用次数：

$$N_s = \sum_{i=1}^{n} N_i \left(\frac{P_i}{100}\right)^{16} \tag{3-23}$$

式中：N_s——单轴双轮组标准轴载的日平均作用次数；

N_i——轴载为P_i的日平均作用次数；

P_i——第i级轴载的重量。

设计车道内的日标准轴载作用次数N_{s1}，可由道路断面交通量N_s、方向分配系数β_1和车道分配系数β_2计算得到，即：

$$N_{s1} = \beta_1 \beta_2 N_s \tag{3-24}$$

式中，β_1通常取0.5~0.6；β_2可按表3-3选用。

交通量车道分配系数　　　　　表3-3

单向车道数		1	2	3	≥4
车道分配系数	高速公路	—	0.70~0.85	0.45~0.60	0.40~0.50
	其他等级公路	1.00	0.50~0.75	0.50~0.75	—

水泥混凝土路面板在设计基准期内所能承受的轴载累计作用次数N_e可以按式(3-25)计算得到：

$$\begin{cases} N_1 = N_{s1} \\ N_t = N_1(1 + g_r^{t-1}) \\ N_e = \dfrac{N_1[(1+g_r)^t - 1] \times 365}{g_r} \times \eta \end{cases} \tag{3-25}$$

式中：N_1——设计车道在设计基准期内第一年的日标准轴载作用次数；

N_t——设计基准期内第t年的日标准轴载作用次数；

N_e——设计基准期内所承受的设计轴载累计作用次数；

g_r——设计基准期内标准轴载的年平均增长率；

η——车辆轮迹横向分布系数,可按表3-2取值;

t——设水泥混凝土路面的设计使用年限。

(4)交通荷载分级、设计基准期

我国水泥混凝土路面设计规范根据设计基准期内设计车道所承受的标准轴载作用次数将道路划分为极重、特重、重、中等和轻5个交通等级,具体如表3-4所示。每个交通荷载等级的路面在设计使用年限、面板厚度、混凝土强度、模量和基层类型等技术指标方面具有不同的要求。

交通荷载分级 表3-4

交通荷载分级	极重	特重	重	中等	轻
设计基准期内设计车道承受设计轴载累计作用次数(×10⁴)	>1×10⁶	2000~1×10⁶	100~2000	3~100	<3

水泥混凝土路面的设计基准期(设计使用年限)指的是路面达到预定损坏标准时所能使用的年限。国内外工程经验表明,水泥混凝土路面的使用年限一般长于沥青路面,介于10~30年。如需提高水泥混凝土路面的使用年限,需要对其长期交通量做更为准确的评估,此外所用材料的性能要求也需相应的提高,这会增加路面初期建设投资成本。我国相关设计规范推荐的水泥混凝土路面的设计基准期(设计使用年限),根据公路及安全等级,考虑目标可靠度指标,作出相应的规定,具体如表3-5所示。

可靠度设计标准 表3-5

公路等级	高速	一级	二级	三级	四级
安全等级	Ⅰ级	Ⅰ级	Ⅱ级	Ⅲ级	Ⅲ级
设计基准期(年)	30	30	20	15	10
目标可靠度(%)	95	90	85	80	70
目标可靠指标	1.64	1.28	1.04	0.84	0.52

(5)可靠度及可靠度系数

为了提高路面设计的可靠性,国内外将可靠度概念引入水泥混凝土路面设计规范中。对于水泥混凝土路面结构,其可靠度为:在预期的设计基准期、交通荷载及气候条件下,混凝土的荷载疲劳应力与温度疲劳应力之和不大于水泥混凝土的弯拉强度,且最大荷载应力 σ_p 与最大温度应力 σ_t 之和不大于其弯拉强度的概率,可采用可靠度系数来表征其可靠度。水泥混凝土路面结构可靠度系数 γ_r 指的是疲劳方程得到的最大容许应力与实际最大应力的比值[式(3-26)],其倒数即为混凝土极限弯拉强度的折减系数。水泥混凝土路面结构可靠度系数具体根据变异水平等级来确定其数值,总结如表3-6所示。

$$\gamma_r = \frac{[f_r]}{\overline{f_r}} \tag{3-26}$$

式中:$[f_r]$——水泥混凝土路面板的最大容许应力,$[f_r]=[\sigma_p+\sigma_t]$;

$\overline{f_r}$——水泥混凝土路面板的实际最大应力,$\overline{f_r}=\sigma_p+\sigma_t$。

可 靠 度 系 数 表3-6

变异水平等级	目标可靠度(%)			
	95	90	85	70~80
低	1.20~1.33	1.09~1.16	1.04~1.08	—
中	1.33~1.50	1.16~1.23	1.08~1.13	1.04~1.07
高	—	1.23~1.33	1.13~1.18	1.07~1.11

实际水泥混凝土路面的材料性能和结构尺寸往往存在离散性,目前一般采用变异系数来表征水泥混凝土路面材料和结构的离散性。水泥混凝土路面板的变异系数指的是材料或结构尺寸的标准差与平均值之比。水泥混凝土路面的材料性能及结构尺寸的变异水平大体上可分为低、中、高3级,不同变异水平等级的变异系数取值如表3-7所示。一般而言,高速公路和一级公路宜采用低变异水平等级,二级公路的变异水平等级不宜大于中级。

不同变异水平等级的变异系数 C_v 范围 表3-7

变异水平等级	低	中	高
水泥混凝土弯拉强度	$0.05 \leq C_v \leq 0.10$	$0.10 < C_v \leq 0.15$	$0.15 < C_v \leq 0.20$
基层顶面当量回弹模量	$0.15 \leq C_v \leq 0.25$	$0.25 < C_v \leq 0.35$	$0.35 < C_v \leq 0.55$
水泥混凝土面层厚度	$0.02 \leq C_v \leq 0.04$	$0.04 < C_v \leq 0.06$	$0.06 < C_v \leq 0.08$

2)路面结构组合设计

(1)面层混凝土板

面层混凝土板的设计应确保其具有满足使用要求的强度、耐久性、平整度和抗滑性等性能。农村公路由于交通量较低,一般采用设接缝、无配筋的素混凝土面层板结构。面层板的形状一般为矩形,不同路面板间采用纵横缝分隔,但纵横缝一般不得错位布设。面层板的平面面积一般不宜大于 $25m^2$,长宽比不宜超过1.30,横缝间距一般介于4~6m,纵缝间距一般介于3~4.5m。

水泥混凝土路面板的表面构造是影响行车安全的重要因素。为了得到合适的表面构造,一般采取刻槽、压槽、拉槽或拉毛等方法对水泥混凝土路面板进行构造处理。在路面板服役初期,普通路段的面层构造深度应介于0.5~0.9mm,对于急转、陡坡、交叉口或集镇附近等特殊路段,面层的表面构造深度应介于0.6~1.0mm。

(2)基层结构

水泥混凝土路面的基层结构设计应确保其具有满足使用要求的刚度、强度和抗冲刷性能。对于农村公路而言,基层宜采用石灰粉煤灰稳定粒料或级配粒料,厚度介于150~200mm,四周每侧的宽度应比混凝土面层板宽300~650mm。当采用水泥混凝土路肩且其厚度与面层板相等时,基层的宽度宜与路基相等。

当基层下方未设计垫层,且上路床由细粒土、黏土质砂或级配不良砂组成时,应在基层结构下方设置底基层结构,底基层的厚度可取为200mm,采用级配粒料、水泥稳定粒料或石灰粉煤灰稳定粒料。

(3)垫层结构

当水泥混凝土路面结构的路基有特殊要求时,宜在基层下方设置垫层结构。水泥混凝土路面的垫层结构根据其使用功能分为防冻垫层、排水垫层和加固垫层三类：

①对于处在季节性冰冻地区的水泥混凝土路面结构，路面防冻厚度一般不应小于当地最大冰冻深度的30%~70%，当设计的路面结构总厚度为满足该要求时，应在基层下方设置防冻垫层，确保满足最小防冻厚度的要求。

②对于处在水文地质条件不良地区的水泥混凝土路面结构，当路床土的湿度较大时，地下水可能会侵蚀路面结构，此时应根据要求设置排水垫层。

③对于处在路基土特别软弱地区的水泥混凝土路面结构，当路面结构可能会发生面层不均匀沉降或变形等病害时，应根据要求设置加固垫层，以提高路床的承载能力。

水泥混凝土路面结构的垫层结构厚度一般取为150mm，可充分利用当地的廉价材料，取当地材料掺少量无机结合料（如砂、砂砾料）处置后使用。

(4)路基结构

为了给路面结构提供均匀的支撑，水泥混凝土路面的路基在稳定、密实、均质、耐久等方面应满足相关的设计要求。水泥混凝土路面的路基一般不宜采用高液限黏土或含有机质细粒土，如因条件限制必须使用时，应采用掺加石灰或水泥等方式对路基土加以必要的处置。

当水泥混凝土路面结构所处地区的地下水位较高时，应相应地提高路堤的设计标高。当路堤的设计高程受限导致路基达不到潮湿状态的临界高度时，应采用粗粒土或低剂量石灰或水泥稳定细粒料做路床填料，必要时还应在边沟下设置排水渗沟来降低地下水位。

为了保证水泥混凝土路面结构的服役状态，路基的压实度应满足相关规范的设计要求。当路床材料由岩石或填石组成时，应在路床顶面铺设整平层，整平层的厚度一般介于100~150mm，可根据路床顶面平整度进行调整，其材料一般采用未筛分碎石和石屑或低剂量水泥稳定粒料。

3)确定材料参数

(1)水泥混凝土的设计强度与弯拉弹性模量

水泥混凝土路面面层的结构设计以标准养护28d的弯拉强度作为控制指标，路用混凝土弯拉强度可以采用550mm×150mm×150mm梁试件测试得到，路用混凝土弯拉强度标准值 f_{cm} 可按式(3-27)计算得到：

$$f_{cm} = \overline{f_{cm}} - \lambda_{cf}\sigma_{cf} \quad (3-27)$$

式中：$\overline{f_{cm}}$ 和 σ_{cf}——所有测试试件弯拉强度测试结果的平均值和标准差；

λ_{cf}——保证弯拉强度标准值具有一定可靠度所需增大的系数。

路用混凝土弯拉强度标准值除了满足相关规范的设计要求外，为了确保路面结构具有较高的抗冻性、耐久性和耐磨性，路用混凝土的试配强度 R_{cm} 按式(3-28)进行取值：

$$R_{cm} = (1.1 \sim 1.15)f_{cm} \quad (3-28)$$

(2)基层顶面当量回弹模量

水泥混凝土路面结构包括面层、基层、垫层和路基，可将其视为弹性多层体系，但在分析面层板结构的内部应力时，为了简化计算，可以将水泥混凝土路面面层以下的结构转化为半无限弹性空间体，以其顶面的当量回弹模量作为半无限空间弹性体的回弹模量。

①新建公路的基层顶面当量回弹模量

测试基层顶面当量回弹模量的常见方法包括静载贝克曼梁试验方法、承载板试验方法、动载FWD试验方法。其中承载板试验是研究路基土应力-应变特性最常用的一种方法,通过在现场采用一定尺寸的刚性承载板对基层进行逐级加/卸载,基于试验记录得到的荷载和回弹变形结果,得到基层顶面压应力和回弹变形的关系曲线,进而得到基层顶面的当量回弹模量E_{base},具体计算公式如下:

$$\begin{cases} E_{base} = \left(\dfrac{E_x}{E_o}\right)^\alpha E_o \\ \alpha = 0.86 + 0.26\ln h_x \\ E_x = \dfrac{\sum_{i=1}^{n}(h_i^2 E_i)}{\sum_{i=1}^{n} h_i^2} \\ h_x = \sum_{i=1}^{n} h_i \end{cases} \tag{3-29}$$

式中:E_0——路基顶面的综合回弹模量;

α——与粒料层总厚度h_x有关的回归系数;

E_x——粒料层的当量回弹模量;

n——粒料层的层数;

E_i和h_i——第i结构层的回弹模量和厚度。

②路面顶面当量回弹模量

当在旧沥青路面上铺筑水泥混凝土面层时,可以采用落锤弯沉仪(荷载50kN,承载板半径15cm)或贝克曼梁(后轴重100kN的车辆)来测试原沥青路面顶面的弯沉值,进而可以分别根据式(3-30)或式(3-31)计算得到路面顶面的当量回弹模量E_{ct}。

$$E_{ct} = \dfrac{18621}{\omega_{c0}} \tag{3-30}$$

$$E_{ct} = 13739\omega_{c0}^{-1.04} \tag{3-31}$$

$$\omega_{c0} = \bar{\omega}_c + 1.04 s_{cw} \tag{3-32}$$

式中:ω_{c0}——水泥混凝土路面回弹弯沉的代表值(0.01mm);

$\bar{\omega}_c$和s_{cw}——水泥混凝土路面回弹弯沉的测试平均值(0.01mm)和标准差(0.01mm)。

4)弹性地基单层板最大荷载应力、荷载疲劳应力及温度疲劳应力计算

(1)临界荷位

水泥混凝土路面的临界荷载指的是使混凝土面层板内产生最大应力或疲劳损坏的荷载作用位置。目前我国的水泥混凝土路面设计规范以混凝土的疲劳断裂作为设计准则,将交通车辆荷载和温度梯度综合作用产生最大疲劳损伤的荷载作用位置作为临界荷位。同时,为了确保路面结构的服役寿命,还需考虑面层板承受的疲劳应力以及疲劳应力的作用次数。

水泥混凝土路面的接缝结构对其受力影响较大,不同的接缝形式会导致路面板具有不同的临界荷位,并产生不同的疲劳损耗。表3-8总结了各类接缝情况下水泥混凝土路面板的临界荷位。

各类接缝情况下的临界荷位 表3-8

纵边缝	横边缝		
	设传力杆	不设传力杆	自由边
企口设拉杆	纵缝边	横缝边	横缝边
	纵缝边	纵缝边	横缝边
平缝设拉杆	纵缝边	纵缝边	横缝边
	纵缝边	纵缝边	纵缝边
自由边	纵缝边	纵缝边	横缝边
	纵缝边	纵缝边	纵缝边

由表3-8分析可知,在交通车辆荷载和温度梯度的共同作用下,除了企口设拉杆的纵缝和自由横缝的路面板临界荷位出现在横缝边缘中部外,水泥混凝土路面板的临界荷位一般出现在纵缝边缘中部。因此,在水泥混凝土路面板应力分析时,一般采用纵缝边缘中部作为应力计算时的临界荷位,具体如图3-8所示。

(2)最大荷载应力计算

服役期间最重轴载在水泥混凝土面层临界荷位产生的最大荷载应力 $\sigma_{p,max}$ 可按式(3-33)计算得到:

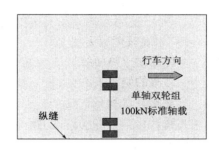

图3-8 纵缝边缘中部的临界荷位

$$\begin{cases} \sigma_{p,\max} = k_r k_c \sigma_{pm} \\ \sigma_{pm} = 1.47 \times 10^{-3} l_c^{0.70} h_c^{-2} P_s^{0.94} \end{cases} \quad (3\text{-}33)$$

式中:σ_{pm}——最重轴载在自由面板临界荷位产生的最大荷载应力;

k_r——考虑接缝传荷能力的应力折减系数;

k_c——考虑理论与实际差异以及动载等因素的综合系数;

P_s——设计轴重。

(3)接缝传荷能力及接缝传荷系数

水泥混凝土路面的横缝和纵缝均具有一定的传荷能力,影响路面板接缝传荷能力的因素包括接缝的传荷方式、路面结构的相对刚度、气候环境条件以及轴载的大小和作用次数等。在路面结构设计过程中,需要根据接缝的类型选择合适的接缝传荷能力的应力折减系数。常见的接缝传荷方式具体如下:

①不设传力杆的横缝主要依靠集料嵌挤作用,即接缝处断裂面上集料的啮合作用在不同路面板块间传递剪力。

②设置传力杆的胀缝和施工缝等主要依靠埋设在不同板块之间的传力杆来传递剪力、弯矩和扭矩。

③设置传力杆的缩缝主要通过传力杆和集料嵌挤两种组合作用在不同板块之间传递荷载作用。

(4)荷载疲劳应力计算

服役期间设计标准轴载在水泥混凝土面层临界荷位产生的荷载疲劳应力 σ_{pr} 可按

式(3-34)计算得到:

$$\sigma_{pr} = k_r k_f k_c \sigma_{ps} \tag{3-34}$$

式中:σ_{ps}——设计轴载在四边自由的面板临界荷位处产生的荷载疲劳应力,可按式(3-35)计算得到;

k_f——考虑设计基准期内荷载应力累计疲劳作用的疲劳应力系数,可按公式(3-36)计算得到。

$$\sigma_{ps} = 1.47 \times 10^{-3} l_c^{0.70} h_c^{-2} P_s^{0.94} \tag{3-35}$$

$$k_f = N_e^{\lambda_{fa}} \tag{3-36}$$

式中:N_e——设计基准期内设计标准轴载的累计作用次数;

λ_{fa}——路面板的疲劳指数,当面层为普通混凝土、钢筋混凝土、连续配筋混凝土时,λ_{fa} = 0.057;当面层为碾压混凝土或贫混凝土,λ_{fa} = 0.065。

(5)温度疲劳应力计算

水泥混凝土路面结构直接暴露于环境,面板内的温度梯度会随着环境温度的变化而发生改变。已有的研究表明,水泥混凝土路面板内的温度梯度日变化可以采用半正弦曲线来表征,通过试验测试得到路面板的最大温度梯度与太阳辐射热间的变化规律,可以据此推演得到路面板温度梯度的变化,从而为路面板的温度疲劳应力计算提供参数。水泥混凝土路面板面层临界荷位处的温度疲劳应力 σ_{tr} 可按下式计算得到:

$$\sigma_{tr} = k_t \sigma_{t,\max} \tag{3-37}$$

式中:k_t——考虑温度应力累计疲劳作用的温度疲劳应力系数,按公式(3-38)计算;

$\sigma_{t,\max}$——最大温度梯度在混凝土路面板面层板内产生的最大温度应力,按式(3-39)计算。

$$k_t = \frac{f_r}{\sigma_{t,\max}} \left[a \left(\frac{\sigma_{t,\max}}{f_r} \right)^b - c \right] \tag{3-38}$$

式中:f_r——水泥混凝土的弯拉强度标准值;a、b 和 c 为回归系数,数值可根据公路自然区划按表3-9取值。

温度疲劳应力计算的回归系数 a、b 和 c 表3-9

系数	公路自然区划					
	Ⅱ	Ⅲ	Ⅳ	Ⅴ	Ⅵ	Ⅶ
a	0.828	0.855	0.841	0.871	0.837	0.834
b	1.323	1.355	1.323	1.287	1.382	1.270
c	0.041	0.041	0.058	0.071	0.038	0.052

$$\sigma_{t,\max} = \frac{\alpha_c E_c h_c T_g}{2} B_L \tag{3-39}$$

式中:α_c——水泥混凝土的线膨胀系数,可根据粗集料的类型按表3-10选择合适的数值;

T_g——公路所在地区50年一遇的最大温度梯度,可根据公路自然区划按表3-11选择合适的数值;

B_L——水泥混凝土路面板综合温度翘曲应力和内应力的温度应力系数,按式(3-40)计算得到。

水泥混凝土的线膨胀系数经验参考值 α_c 表3-10

粗集料类型	石英岩	砂岩	砾石	花岗岩	玄武岩	石灰岩
$\alpha_c(10^{-6}/℃)$	12	12	11	10	9	7

最大温度梯度标准值 T_g 表3-11

公路自然区划	Ⅱ、Ⅴ	Ⅲ	Ⅳ、Ⅵ	Ⅶ
最大温度梯度(℃/m)	83~88	90~95	86~92	93~98

$$\begin{cases} B_L = 1.77e^{-4.48H_c}C_L - 0.131(1-C_L) \\ C_L = 1 - \dfrac{\sinh t \cos t + \cosh t \sin t}{\sinh t \cosh t + \cos t \sin t} \\ t = \dfrac{L}{3l_c} \end{cases} \quad (3\text{-}40)$$

式中：C_L——水泥混凝土面层板的温度翘曲应力系数；

H_c——混凝土路面板的厚度；

L——路面板的横缝间距；

l_c——混凝土路面板的相对刚度半径。

3.2 国外水泥混凝土路面设计方法简介

3.2.1 AASHTO 水泥混凝土路面设计方法

AASHTO(American Association of State Highway and Transportation Officials)设计指南是美国各州公路及运输协会基于试验路的研究提出的路面设计方法。AASHTO 设计指南以水泥混凝土路面足尺试验路为基础，基于长期监测的试验数据建立起水泥混凝土路面板厚度、服役使用性能和交通车辆轴载作用次数之间的经验关系。AASHTO 设计指南水泥混凝土路面的基本方程式与柔性路面类似，但在回归系数方面存在差异。对于水泥混凝土路面结构，AASHTO 设计指南同样采用"服务能力指数(PSI)"的概念来表征路面对行车荷载的耐用程度。在水泥混凝土路面服役期间，路面的 PSI 随着交通车辆荷载作用次数的增加而逐渐降低。

本节将简要介绍 AASHTO 刚性路面的设计方法。用于厚度设计的 AASHTO 经验公式最早于1960年在大量试验路数据基础上提出，该公式针对给定的路面板厚度及服务能力指数损失来预测路面结构所能承受的轴载作用次数，之后于1986年进行了修订。

3.2.1.1 设计准则

AASHTO 设计方法通过求解路面厚度来实现，要求在预定的设计参数情况下，路面厚度能够承受超过5万次的标准轴载(80kN)作用次数。AASHTO 设计公式将服务能力指数损失、轴重、轴型、板厚考虑在内。经1986年修订过的板厚设计公式如下：

$$\lg W_{18} = Z_R S_o + 7.35\lg(h_c+1) - 0.06 + \frac{\lg\left(\frac{\Delta PSI}{4.5-1.5}\right)}{1+\frac{1.624\times 10^7}{(h_c+1)^{8.46}}} + $$

$$(4.22 - 0.32 p_t)\lg\left[\frac{S'_c C_d (h_c^{0.75}-1.132)}{215.63 J\left(h_c^{0.75}-\frac{18.42}{(E_c/k)^{0.25}}\right)}\right] \quad (3-41)$$

式中：ΔPSI——服务能力指数损失，数值等于初始服务能力指数与终止服务能力指数之差；

h_c——水泥面板厚度（in）；

S'_c——混凝土的弯曲模量；

C_d——排水系数；

E_c——混凝土弹性模量；

k——地基反应模量；

J——接缝传荷系数；

W_{18}——80kN（18000lb）单轴轴载在时间 t 时的加载作用次数；

p_t——终止服务能力指数。

通过求解式（3-41）即可得到水泥混凝土路面板的厚度。为了方便工程师进行路面设计而不用经过复杂的计算过程，AASHTO 设计了求解厚度的诺模图，具体如图 3-9 所示，根据设计基准期内标准轴载累计作用次数及其他路面材料性能参数，便可从诺模图上直接得到路面板结构所需的厚度。值得注意的是，设计过程中终止服务能力指数一般取 2.5，因此在诺模图上不会出现终止服务能力指数。

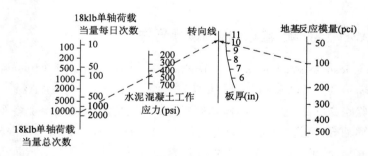

图 3-9　刚性路面设计诺模图（PSI＝2.5）

注：本书所使用的英制单位换算为公制单位，如下：

in（英寸）　　　　1in≈2.54cm

lb（磅）　　　　　1lb≈0.45359237kg

psi（磅/平方英寸）　1psi≈0.006895MPa

3.2.1.2　设计参数确定

1）可靠度水平和总标准差

AASHTO 设计指南对不同等级道路的可靠度、可靠度水平与可靠度指标的关系给出了推荐的设计取值，分别总结如表 3-12 和表 3-13 所示。

对于水泥混凝土路面,AASHTO 设计指南推荐交通预估和使用性能预估的总标准差的取值范围为 0.3 ~ 0.4。

AASHTO 方法对公路设计的可靠度建议值 P_s(%) 表 3-12

道路等级		范围	中间值	建议值
州际公路		56 ~ 95	82 ~ 86	80 ~ 99.9
主干道		52 ~ 98	81 ~ 86	75 ~ 95
次要道路	集散道路	58 ~ 99	82 ~ 86	75 ~ 95
	地方道路			50 ~ 80

可靠度水平 P_s 与可靠度指标 β 的对应关系 表 3-13

P_s(%)	99	98	97	96	95	93	90	85	80	75	70	60	50
β	2.32	2.07	1.89	1.75	1.65	1.48	1.28	1.04	0.84	0.67	0.52	0.25	0

2) 地基反应模量

在 AASHTO 水泥混凝土路面设计指南中,地基反应模量首先根据当地不同月份的温湿度状况确定路基和基层的回弹模量,然后将回弹模量转换为地基综合反应模量,最后分别根据基岩所处的深度、各个月份的综合模量和路面的相对损害程度以及基层的抗冲刷能力加以必要的修正,以得到水泥混凝土路面的设计反应模量。

3) 混凝土弯拉强度和弹性模量

AASHTO 设计指南将混凝土 28d 龄期的弯拉强度平均值 f_r 作为路面结构设计的强度指标。而水泥混凝土的弹性模量可由其抗压强度根据式(3-42)估算得到:

$$E_c = 57000 f_c^{0.5} \qquad (3-42)$$

式中,E_c 和 f_c 的单位均为 psi。

4) 路面排水系数

在 AASHTO 水泥混凝土路面试验路中,基层采用横贯路基(黏土)全宽的粒料基层,路面结构内部渗入的水分可通过基层向路基边坡往外排,排水时长约为 7d,属于中等排水状况。

为了反映排水状况对水泥混凝土路面结构设计结果的影响,AASHTO 设计指南引入排水系数 C_d 来考虑排水状况的影响。根据水泥混凝土路面结构内部水分排出所需的时长以及路面结构一年内处于接近饱水状态的时长(与年降水量和降水系数有关),AASHTO 设计指南给出了不同的排水系数 C_d 推荐值,总结如表 3-14 所示。

AASHTO 排水系数 C_d 推荐值 表 3-14

排水质量 (排水时间)	路面结构处于接近饱水状态的时间百分率(%)			
	<1	1 ~ 5	5 ~ 25	>25
优(≤2 小时)	1.25 ~ 1.20	1.20 ~ 1.15	1.15 ~ 1.10	1.10
良(≤1 天)	1.20 ~ 1.15	1.15 ~ 1.10	1.10 ~ 1.00	1.00
中(≤1 周)	1.15 ~ 1.10	1.10 ~ 1.00	1.00 ~ 0.90	0.90
差(≤1 月)	1.10 ~ 1.00	1.00 ~ 0.90	0.90 ~ 0.80	0.80
很差(不排水)	1.00 ~ 0.90	0.90 ~ 0.80	0.80 ~ 0.70	0.70

5)接缝传荷系数

在AASHTO水泥混凝土路面试验路上,路面板横缝之间设置传力杆,在板角应力计算过程中,路面板的传荷系数取为3.2。在实际路面结构设计过程中,接缝布设形式各不相同,为了考虑接缝形式对水泥混凝土路面板传荷能力的影响,AASHTO设计指南给出不同接缝情况下水泥混凝土路面板的接缝传荷系数,总结如表3-15所示。

AASHTO接缝传荷系数 C_j 推荐值　　　　　　表3-15

路肩类型	沥青		设拉杆混凝土	
横缝设传力杆	设	不设	设	不设
C_j	3.2	3.8~4.4	2.5~3.1	3.6~4.2

6)板厚

在AASHTO设计指南中,只要给出水泥混凝土路面设计使用年限内的标准轴载情况、地基反应模量与混凝土的弯拉强度设计值等,便可根据诺模图求解得到路面板所需的板厚。图3-9给出了基于诺模图的水泥混凝土路面板厚确定方法,该图根据威斯特卡德板角公式绘制得到,其中路面结构的终止服务能力指数取2.5,荷载中心离角端的距离为10in,混凝土的最大应力为75%的弯拉强度,混凝土的泊松比取0.2。基于图3-9,不同交通荷载状况所对应的路面结构板厚设计结果如表3-16所示。

AASHTO路面厚度计算例表　　　　　　表3-16

按20年计的标准轴载当量次数(千次)	终止服务能力指数(PSI=2.5)	工作应力(lb/in²)	地基反应模量(lb/in²)	需板厚(in)
500	2.5	450	100	6.5
1000	2.5	450	100	7.5
10000	2.5	450	100	10.5
1000	2.5	300	100	9.0
1000	2.5	450	400	6.5

3.2.2 美国波特兰水泥协会(PCA)设计方法

3.2.2.1 设计准则

美国波特兰水泥协会(PCA)设计方法以温克勒地基上的弹性薄板作为分析对象,考虑了水泥混凝土路面板的设计使用年限和疲劳强度等多种因素的影响,需要对路面结构进行疲劳分析和冲刷分析,是一种较为完善的设计方法。其中疲劳分析主要是为了检验水泥混凝土路面在交通车辆荷载作用下是否发生疲劳破坏,而冲刷分析主要是为了检验服役期间路面是否因地下水的影响而发生唧泥、冲刷和接缝错台等病害。

1)疲劳分析

疲劳分析是针对路面结构板边中部的应力进行分析。由于荷载靠近板的中部,远离接缝,接缝实际上对板边应力几乎没有影响。当混凝土路肩通过拉杆与主车道面相连接时,路面板内的极限应力将明显减小。

PCA 设计方法中的疲劳分析采用累积损伤的概念。分析过程中,设计基准期内地基反应模量仅取平均值,考虑到在日常温度梯度和湿度梯度作用下,路面板底主要产生压应力,因此需要将由温度和湿度产生的翘曲压应力从荷载应力中扣除。在水泥混凝土路面的设计年限内,全部交通车辆荷载所产生的累积损伤率 D_r 可按式(3-43)计算得到,在设计年限末累积损伤率应小于1。

$$D_r = \sum_{i=1}^{m} \frac{n_i}{N_i} \tag{3-43}$$

式中:m——荷载组的总数;

n_i——第 i 个荷载组的预期重复作用次数;

N_i——第 i 个荷载组的允许重复作用次数。

当交通车辆的外侧车轮作用于路面边缘时,路面板内产生的荷载应力要比其他荷载作用位置大得多,当车轮作用位置发生微小改变时,路面板内的荷载应力将发生明显的降低。因此,交通车辆荷载作用位置的变化对路面板边缘的疲劳损伤影响较大。为了考虑这一因素的影响,PCA 设计方法采取一种便于运用的方法:首先针对交通车辆的分布情况,分析交通车辆荷载在不同位置对路面板边缘产生的疲劳损伤。计算结果表明,在板边荷载作用下,在路面板边缘处放置6%的总荷载重复作用次数,便可得到相等的疲劳损伤。对于有6%货车作用的路肩,则板边应力必须乘以修正系数 0.894。

2)冲刷分析

唧泥、地基冲刷和接缝错台等路面损坏与路面挠度的关系比弯拉应力更直接。当轴载位于接缝的角隅附近,路面板的最大挠度发生在板角。PCA 水泥混凝土路面设计方法在试验路测试数据的基础上,归纳得到路面板的挠度与唧泥、地基冲刷和接缝错台等损坏之间的关系式,通过引入"功率"的概念,得到可控制功率的水泥混凝土路面允许荷载重复作用次数的计算公式如下:

$$\lg N = 14.524 - 6.777(C_1 P - 9.0)^{0.103} \tag{3-44}$$

式中:N——PSI = 3.0 所对应的允许荷载重复作用次数;

C_1——针对基层类型的修正系数,$C_1 = 1$(未处理的基层),0.9(稳定基层);

P——功率,可按下式计算得到:

$$P = 268.7 \frac{p^2}{h_c k^{0.73}} \tag{3-45}$$

式中:p——板角下地基上的压力。

水泥混凝土路面的冲刷损伤方程表达如下:

$$\text{冲刷损伤百分数} = 100 \sum_{i=1}^{m} \frac{C_2 n_i}{N_i} \tag{3-46}$$

式中:C_2——与路肩结构有关的参数,$C_2 = 0.06$(不设混凝土路肩的路面),0.94(有拉杆混凝土路肩的路面)。

冲刷损伤百分数应小于100%。

3.2.2.2 设计参数

1）设计使用年限与交通分析

在 PCA 设计方法中，水泥混凝土路面结构的服役使用寿命一般取为 40 年。为了计算使用年限内水泥混凝土路面结构承受的交通车辆荷载作用次数，可以在现有交通量调查数据基础上，确定车道的年平均日交通量、单轴和双轴各级荷载的占比，然后选择符合当地发展的交通量年增长率，即可计算设计使用年限内水泥混凝土路面承受的各级轴载作用次数。

2）荷载安全系数

为了考虑交通车辆超载、轮载分配不均、冲击荷载等因素对路面板使用寿命的影响，PCA 设计方法引入了荷载安全系数，基于交通分析得到的各级荷载，需要乘以该系数才可用作于路面结构的设计轴载。对于不同交通状况的道路，PCA 设计方法推荐了不同的荷载安全系数：

①对于货车占比少或者居住区的道路，取值 1.0；

②对于货车占比中等的道路，取值 1.1；

③对于货车占比大且交通量大的道路，取值 1.2。

3）地基强度特征

在 PCA 设计方法中，地基的强度特征采用地基反应模量来表征。地基反应模量可以通过承载板试验来确定，其大小受到基层的材料性质、承载板的尺寸等因素的影响。试验结果表明，当承载板的直径大于 76cm 时，承载板的尺寸对地基反应模量测试结果的影响不大，因此试验过程中一般采用直径为 76cm 的承载板。在不具备试验条件的情况下，鉴于地基反应模量对路面板的应力计算结果影响不大，地基反应模量可也根据地基土的类别取经验值。

4）荷载应力

在 PCA 设计方法中，由于公路和城市道路路面的车道宽常取 3.6m，大量交通车辆荷载调查结果表明，交通车辆轴载作用在路面板纵向边缘和板角区域的概率较小，而轴载作用于路面板横缝边缘的概率最大。鉴于此，PCA 设计方法将路面板横缝边缘作为路面板交通车辆荷载的临界荷位。

为了便于水泥混凝土路面的结构设计，PCA 设计方法基于威斯特卡德理论，绘制不同车辆荷载作用于横缝边缘的荷载应力计算图。图 3-10 和图 3-11 分别给出了单轴荷载和双轴荷载作用下的荷载应力计算图，路面结构设计工程师只需根据交通车辆轴载重、地基反应模量以及路面板的厚度即可得到路面板内的最大荷载应力。考虑到混凝土的弹性性质对路面板荷载应力的计算结果影响较小，在绘制荷载应力计算图时混凝土的弹性模量常取为 28GPa，泊松比取为 0.15。

5）疲劳与安全系数

为了便于快速确定水泥混凝土路面板的疲劳寿命，PCA 设计方法基于户外和室内的大量试验结果，总结得到水泥混凝土路面板应力比（疲劳应力与弯拉强度之比）和允许荷载重复作用次数的关系，如表 3-17 所示。

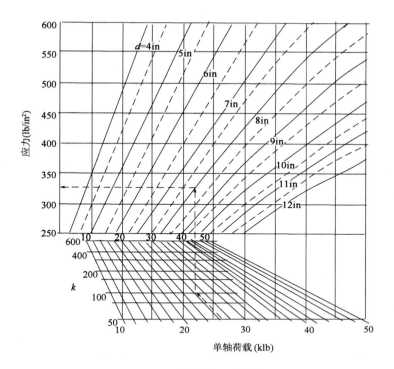

图 3-10 PCA 单轴荷载的应力计算用图

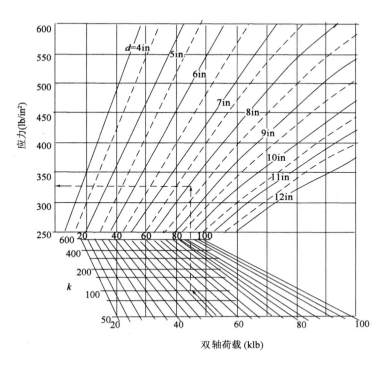

图 3-11 PCA 双轴荷载的应力计算用图

PCA 应力比与允许荷载重复作用次数对应关系 表 3-17

应力比	允许重复次数	应力比	允许重复次数	应力比	允许重复次数
0.51	400000	0.61	240000	0.71	1500
0.52	300000	0.62	18000	0.72	1100
0.53	240000	0.63	14000	0.73	850
0.54	180000	0.64	11000	0.74	650
0.55	130000	0.65	8000	0.75	490
0.56	100000	0.66	6000	0.76	360
0.57	75000	0.67	4500	0.77	270
0.58	57000	0.68	3500	0.78	210
0.59	42000	0.69	2500	0.79	160
0.60	32000	0.70	2000	0.80	120

当水泥混凝土路面结构承受不同的轴载作用时,为了计算分析路面板的疲劳寿命,PCA 设计方法采用 Miner 理论来分析交通车辆荷载对路面板的累计疲劳损伤作用。Miner 理论认为不同轴载作用对路面板的疲劳损伤可线性叠加,即不同轴载产生的疲劳损伤相互独立。因此,路面设计工作者只需确定不同轴载作用下路面板的应力比,即可由表 3-17 确定该级轴载允许重复作用次数 N'_i,然后只要获取该级轴载的实际作用次数 N_i,则该级轴载对路面板的累计疲劳损伤为 N_i/N'_i。最后根据式(3-47)即可确定路面板服役使用期间总的累计疲劳损伤。理论上,当路面板发生疲劳损伤破坏时,总的累计疲劳损伤应等于 1。考虑到混凝土在养护 28d 后其弯拉强度仍有一定的增长,因此当采用 28d 弯拉强度作为设计强度时,总的累计疲劳损伤可取 1.25。

$$\sum_{i=1}^{n} \frac{N_i}{N'_i} \leq 1 \sim 1.25 \qquad (3-47)$$

3.2.3 美国混凝土协会(ACI)设计方法

ACI(American Concrete Institute)也针对水泥混凝土路面给出相关的设计指南。在 ACI 设计方法中,低交通量道路指的是重载车辆较少或主要承受轻车荷载的道路。ACI 有关低交通量道路的设计方法,可为我国农村公路路面设计提供一定的参考。

3.2.3.1 设计准则

在 ACI 设计方法中,低交通量道路主要分为街区道路和地方道路两大类,其典型路面结构如图 3-12 所示。在 ACI 设计方法中,需要着重考虑路面板材料、厚度以及接缝设计等设计内容。有关水泥混凝土路面板面层、基层和传力杆的功能作用和设计原则如下:

1)路面板厚度

路面板的厚度主要根据车辆荷载和环境温湿度变化产生的拉应力来确定。理论分析和试验测试结果均表明,当交通车辆荷载作用在板的无支撑边缘时,板内产生的拉应力最大,但当路面板的接缝传荷性能良好时,轮载作用于接缝附近时产生的应力较低。因此,水泥混凝土路面板的极限应力条件是轮载作用于板的边缘。采用路缘石和加厚边缘可以减少应力值。而热胀冷缩、温湿度翘曲也会产生应力,尽管这部分应力在板厚设计中一般不被考虑,但开裂的起始位置则说明裂缝是由疲劳或温湿度翘曲引起的。

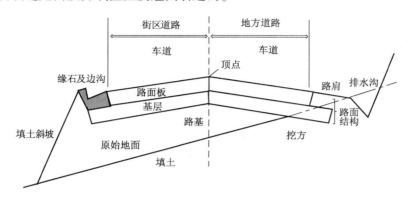

图 3-12　ACI 低交通量道路的典型结构

2）基层

通过合理的路面板参数设计,可以减缓和消除拉应力的不良影响。混凝土刚度较大,可以将荷载有效分配至较大的区域,因此荷载产生的挠度很小,且传至路基的荷载不大。此外,尽管未被大规模实践所证实,使用高强混凝土常被认为是一种提高路面板性能的可行途径。

由于荷载主要由路面板承担,因此在设计基层材料时并不会着重考虑其强度。基层的主要贡献是防止唧泥、错台等病害,保证排水通道,并给路面板铺设提供良好的工作面。

3）传力杆

除了施工缝外,低交通量道路中并不强制要求在接缝处设置传力杆。但在承受重载、或板厚大于 200mm 时需要设置传力杆。

3.2.3.2　设计参数

1）材料选用

材料选用是路面设计中的重要环节。针对路面系统中路基、基层、面层和接缝的功能定位,ACI 设计方法针对路面材料的选取给出相应的规定:

（1）路基材料

①基本要求

合理的路基条件是混凝土路面系统性能的保证。考虑到混凝土的刚度较大,可以将荷载有效分配至较大的区域,板底路基所承受的荷载很小。因此对路基的要求强调均匀支撑,而非高强度。因此路基材料选用主要的关注点在于:

a. 由路基的强度和湿度的非均匀性引起的支撑条件不良;

b. 非均匀冻胀;

c. 路基材料的过度膨胀;

d. 非均匀压实;

e. 排水不良使路面板在唧泥的作用下板底脱空,导致接缝处的错台。

②设计指标

路基位于路面结构之下,是修筑行车道的工作面。路基土可以按其液限、塑限、湿度－密度关系、局部膨胀性等指标来分类。在实践中,常用地基反应模量 k、加州承载比 CBR、抵抗系数 R、支撑系数 SSV 等指标来衡量路基的性能。

针对不均匀路基的处置技术包括合理筛选级配、压实、湿度与密度控制等。路基中散布的大石块和有机物质应被移除。此外,暗沟或地下管道区域应特别关注,这些区域容易因回填料未被压实而导致路面沉降。

承载板试验可以用来测试路基强度。通过对 76cm 直径的刚性板逐级加载,实测其挠度变化来计算地基反应模量,试验终止条件是刚性板位移达到 2.54mm,或最大压力达到 68.9kPa,但工程实践中这种方法并不常用。对于已铺筑的路面,基于落锤式弯沉仪实测地基反应模量是一种较为常用的方法。地基反应模量也可采用动态圆锥灌入仪实测土壤样本的回弹模量来推算,或通过其他工程实践来预估。

(2)基层材料

①基本要求

基层是混凝土路面板之下的结构,其主要作用是保证排水通道顺畅,避免过大的孔隙压力,从而减缓唧泥引起的侵蚀,次要作用是扩散面层传递下来的荷载并为路面结构提供较大的刚度。工程经验表明,对于低交通量的情况,若考虑基层在承载力方面的作用,从长期性能来看会增加路面的设计成本,造成不必要的浪费。对于街区道路与地方道路,基层的主要作用是防止唧泥病害,其标准是在年平均日交通量(ADTT)为 200 的车辆荷载作用下不产生唧泥。因此基层材料选用主要的关注点在于:

a.提供均匀的承载面;

b.替换较软的、压缩性或可扩展性较大的土壤;

c.保护路基不受有害霜冻的影响;

d.提供排水通道;

e.在不利的气候条件下为铺路设备提供工作面。

②设计指标

当路基排水较差时,基层的最小厚度不应低于 100mm(表 3-18)。需要注意的是避免使用细粒径的材料,因为这些材料会在 ADTT = 200 的荷载下产生唧泥。在结构设计中,应保证 2%~2.5%的横向表面斜坡或设置排水沟,以减轻雨水向路基的渗透。

ACI 对于排水不良土壤推荐的最小基层厚度(mm)　　　表 3-18

AASHTO 气候分类	CBR 分类		
	低($k<20$MPa/m)	中(20MPa/m$<k<63$MPa/m)	高($k>63$MPa/m)
湿-冻	100	100	100
湿	100	100	无
干-冻	无	无	无
干	无	无	无

注:1.表中数据对应于 ADTT 大于 200 的两车道情况。

2.如果路基土可以满足 AASHTO 中关于排水分类中等以上的水平,可以不考虑该最小基层厚度。

(3)路面材料

①基本要求

路面板作为路面系统中的主要承载结构与功能结构,对其所用材料的规定较为详细。具体而言,用于路面板的混凝土应参照 ACI211.1 标准,满足弯拉强度、耐久性、抗滑性、工作性的要求。集料的最大名义粒径不应大于 38mm,以减少用水量,进而减少混凝土干缩。材料中不应含有过多的细集料,否则路面板可能产生干缩裂缝。实际使用的材料性质应通过试验室实测得出。

②强度

由于混凝土的抗拉强度远低于抗压强度,因此在材料设计中常用其弯拉强度作为指标,弯拉强度可由 ASTM C78 三分点抗弯拉试验测得。粗略估算,当板厚变化 13mm 时,弯拉强度会改变 0.5MPa。在不同试验中,四点弯曲测试得到的弯拉强度 $f_{四点}$ 和三点弯曲测试得到的弯拉强度 $f_{三点}$ 的关系如下:

$$f_{四点} = 0.9 \times f_{三点} \tag{3-48}$$

由于精确的混凝土抗拉 – 抗压关系并未被建立,ACI 设计方法中一般采用如下的公式来近似估算混凝土的抗拉强度 f_t:

$$f_t = a_1 \gamma_{conc}^{0.5} f_c'^{0.5} \tag{3-49}$$

式中:γ_{conc}——混凝土的密度,$a_1 = 0.012 \sim 0.20$MPa。

在必要条件下,可以通过试验来获取所用材料的抗压 – 抗拉关系。值得注意的是,混凝土在浇筑 72h 的强度发展非常关键,需要确保混凝土的强度大于温湿度翘曲导致的应力,避免路面板的早期开裂。

③含气量

在低温地区,混凝土路面设计时应考虑冻融循环和除冰盐的影响。在这些地区,应使用水胶比低、水泥用量大、引气量大的混凝土,并设置合理的养护和干燥条件。引气剂的作用包括减少离析、在不增加水的前提下增加混凝土的工作性和减少泌水等。用于抵抗冻融循环的混凝土含气量随最大集料粒径与暴露条件而改变。不同情况下推荐的含气量如表 3-19 所示。

ACI 引气混凝土中推荐的含气量   表3-19

名义最大集料粒径 (mm)	非引气混凝土的典型含气量 (%)	引气混凝土的推荐含气量(%)		
		轻度暴露	中度暴露	重度暴露
9.5	3.0	4.5	6.0	7.5
12.7	2.5	4.0	5.5	7.0
19.0	2.0	3.5	5.0	6.0
25.4	1.5	3.0	4.5	6.0
38.1	1.0	2.5	4.5	5.5

注:1. 轻度暴露——并未承受冻融循环或使用除冰盐,引气是为了提高工作性和内聚力。
2. 中度暴露——处于室外低温环境,混凝土在受冻前偶尔会饱水,未使用除冰盐。
3. 重度暴露——处于室外低温环境,混凝土处于冻融循环中,使用除冰盐。

④用水量

用水量对混凝土的耐久性、强度和抵抗冻融循环的能力有重要的影响。最小需水量是指可以满足混凝土工作性的条件下使混凝土具备最佳的耐久性和强度的用水量。所用的集料最大名义粒径为38mm,且在使用前需洗净除去表面的黏土以减少需水量。

在实际运用中,无限制地加水会严重影响混凝土的耐久性,因此工程现场加水应当被禁止。但在特殊情况下,如运送至现场的混凝土的坍落度达不到工作性的要求时,可以添加少量水,但应确保设计水胶比不会增加。

⑤其他规定

混凝土中的集料应满足抵抗冻融循环和碱-骨料反应的要求。一般而言,采用满足高速公路要求的粗集料可以满足公路工程中的大多数情况。其中,使用F级粉煤灰有助于减少碱-骨料反应。

路面摊铺时需要注意混凝土的工作性。采用滑模摊铺的混凝土坍落度一般介于15～40mm;手工或使用振动辊摊铺的混凝土所需的坍落度更高,但一般不超过100mm。混凝土的工作性由含水量、集料级配和含气量决定。

2)接缝及构造设计

大多数低交通量的路面不需要配筋。由于配筋与否对路面的承载能力影响不大,素混凝土路面和配筋混凝土路面采用同样的板厚设计方法。对于低交通量道路,只有在非常规路面板形状、或接缝间距超过收缩裂缝可被有效控制的范围时,才采用配筋混凝土路面。

有接缝混凝土路面板的临界疲劳破坏位置位于外侧板边。路肩、加宽行车带、加厚板边、路缘石和边沟的合理设置有助于优化荷载传递、降低板边应力。此外,板角处作用的车载会导致路面板产生最大挠度,而传力杆能有效降低挠度值(约50%)。

但对于低交通量道路,一般不推荐使用传力杆或稳定基础。在这种情况下,使用非结合式基层、加厚边缘、加宽外侧行车带、连接的缘石和边沟等措施有助于降低成本。

3)路面板厚度设计

(1)设计准则

ACI设计方法中关于路面板厚度的设计与AASHTO设计方法一致,即将基于试验段得到的数据作为基础参数,以最重轴载作为控制指标,使用针对疲劳和挠度指标的PCA设计流程。需要注意的是,素混凝土路面和配筋混凝土路面采用同样的板厚设计方法,因为配筋与否对路面的承载能力影响不大。同时,路面板厚度微小的变化可能会对板的疲劳寿命产生巨大影响,因此板厚的变异性值得重视,对于薄板而言尤为重要。此外,混凝土强度及强度的变异性对疲劳寿命也有重要影响。

(2)板厚取值

板厚设计是混凝土路面板设计的核心。板厚设计不当时,会导致路面板开裂、服役水平下降。板厚由路基支撑情况和混凝土的弯拉强度决定。

4)接缝间距设计

(1)设计准则

为了有效控制因温度和湿度差异及约束收缩而产生的拉应力,应对接缝进行合理布置。因为即使在板厚合理设计的前提下,不合适的接缝设置也会导致早期服役水平的下降。合理的接缝间距取决于板厚、混凝土强度、集料类型、气候条件、配置钢筋等因素。其中路面板配置钢筋是为了拉紧和闭合收缩裂缝。

(2) 板长设计

研究表明，板厚、基层刚度和路面结构所处的气候条件对混凝土路面板的板长起决定性作用。当路面结构的板长过大时，将产生横向裂缝。路面板的最大板长可由路面板的相对刚度半径来确定。根据工程经验的总结，当板长与相对刚度半径之比大于 4.44 时，路面板会发生横向开裂。因此，板长与相对刚度半径之比不大于 4.44。在此前提下，路面板的最大板长随板厚而增大，但随着路基支撑条件的增强而减小。不同板厚下路面板的板长与地基反应模量关系如图 3-13 所示。

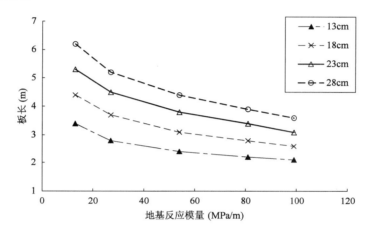

图 3-13　不同板厚下路面板长与地基反应模量关系图

(3) 横向接缝

设置收缩缝的目的在于控制因干缩、温度变形和温湿度翘曲引起路面板的开裂。一般情况下，干燥会引起每 3m 长的路面板产生 1.5mm 的收缩变形，该收缩变形受到约束时会使路面板的拉应力超越混凝土的早期抗拉强度，从而导致路面板开裂。因此路面板的收缩缝间距应根据基层特征、混凝土粗集料类型、混凝土强度、路基支撑条件和养护条件等因素来确定。

3.2.4　力学经验(MEPDG)设计方法

3.2.4.1　设计准则

力学经验设计方法(Mechanistic Empirical Pavement Design Guide，MEPDG)是在 NCHRP 计划 I-37A 以及 2002 版本 AASHTO 设计指南关于新建或维修路面结构的设计(第二阶段)的基础上总结得到的。MEPDG 方法从 1996 年开始研究，旨在基于力学模型和路面性能数据库实现对路面结构的设计。

MEPDG 方法针对初拟的一个路面结构采用 MEPDG 软件来进行路面破损及行驶性能随时间演变的预测，输入参数包括路面结构几何参数、交通荷载、气象和材料性能。其中，内嵌的气象模型可以采用气象数据预测由环境因素导致的材料性能变化。设计过程通过迭代计算预测运营期内可能产生的病害,如果输出的病害预测超出了用户设定的水平,那么初始拟定的路面结构需要进行调整,并进行新一轮的路面性能预测,直到输出满足用户设定的性能标准为止。MEPDG程序的输出参数是路面系统的病害指标与粗糙度指标而非路面板的设计厚度。因此,MEPDG方法是路面设计思路的革新。

众多的输入参数及计算能力使得MEPDG方法能够进行不同路面类型的设计,对于水泥混凝土路面而言,MEPDG方法能够设计的路面类型包括:有接缝的普通混凝土路面、连续配筋路面、有接缝混凝土路面罩面层、连续配筋路面罩面层、有接缝混凝土路面的修复。

3.2.4.2 输入参数

MEPDG方法共提供了上百个输入参数,以便基于交通荷载、材料性质和环境因素进行建模。根据路面系统的重要程度,提供了三种不同的设计参数层级,以实现不同复杂程度的设计需求。MEPDG方法第一层级的参数要求最为精确和参数的不确定性最小,参数选取因地制宜,并且要求基于大量的现场或室内试验数据;第二层级的参数没有第一层级参数的要求严格,可以来自数据库、实验数据,甚至可以从基于相关的信息预估得到;第三层级的参数精确度要求较低,可以采用默认参数值或少量的实验数据。

交通荷载、材料和气象数据是MEPDG方法设计程序三个主要的输入参数。在交通荷载方面,MEPDG方法不再采用标准轴载换算的方法,而是利用称重站的数据进行轴载谱的分析,并将其作为交通荷载输入参数。在气象参数方面,MEPDG方法根据分布在美国各地的851个气象站提供的详细数据建立了相关的气候模型,以模拟路面板内部的温度、湿度和冻融循环随时间的变化。在材料参数方面,MEPDG方法在第三层级上提供了全美范围经校准后的材料性能数据,针对水泥混凝土路面提供参数的材料包括:水泥混凝土、稳定粒料、基层和底基层非稳定粒料以及路基材料。

在设计过程中,可以对每个所用准则和性能指标进行调整,从而实现灵活设计。MEPDG程序的实效取决于对输入参数的理解与合理应用,针对不同地域使用不同指标来修正和优化设计,有助于提高路面系统的设计水平。

3.2.4.3 性能指标及预测公式

MEPDG程序基于设计目标,根据参数输入与计算,允许选择不同的路面类型。程序中可选的路面包含了柔性路面和刚性路面,其中刚性路面响应计算采用ISLAB 2000有限元计算程序。下文以接缝素混凝土路面的设计为例做简单介绍。

在使用MEPDG程序设计路面时,通过内置的力学模型和经验函数可以将路面响应转化为代表路面病害的性能指标,从而评估运营期内路面的服役性能。有接缝素混凝土路面的病害指标和计算流程为:

1)错台

错台通过量测路面板在接缝处的挠度差异来表征。错台病害的影响因素包括重复重载、不良接缝传荷效率和来自基层、路基和路肩材料的侵蚀以及路面板的板角翘曲。

在MEPDG程序中进行逐级加载,通过计算接缝处的平均错台值可以评估累积错台:

$$\begin{cases} Fault_m = \sum_{i=1}^{m} \Delta Fault_i \\ \Delta Fault_i = C_{34} \times (Fault_{\max_i} - Fault_i)2 \times DE_i \\ Fault_{\max_i} = Fault_{\max_0} + C_7 \times \sum_{j=1}^{m} DE_i \times \lg(1 + C_5 \times 5.0^{EROD})^{C_6} \\ Fault_{\max_0} = C_{12} \times \delta_{curling} \times \left[\lg(1 + C_5 \times 5.0^{EROD}) \times \lg\left(\dfrac{P_{200} \times Wetdays}{P_s} \right) \right]^{C_6} \\ DE = \dfrac{k}{2}(\delta_L^2 - \delta_U^2) \end{cases} \quad (3\text{-}50)$$

式中：$Fault_m$——月末的平均错台量；

$\Delta Fault_i$——每月内错台量的平均增长量；

$Fault_{\max_i}$——最大平均错台量；

$Fault_{\max_0}$——初始最大平均错台量；

$EROD$——基层和路基的侵蚀指数；

DE_i——每月内基层变形能量的密度差；

$\delta_{curling}$——因温湿度作用导致的平均每月最大翘曲；

P_s——基层承受的荷载；

P_{200}——基层材料通过200号筛的筛余率；

$Wetdays$——一年内下雨的天数；

δ_L——承受荷载的板角挠度；

δ_U——未承受荷载的板角挠度；

k——地基反应模量。

修正系数 $C_1 = 1.29$，$C_2 = 1.1$，$C_3 = 0.001725$，$C_4 = 0.0008$，$C_5 = 250$，$C_6 = 0.4$，$C_7 = 1.2$，$C_{12} = C_1 + C_2 \times FR^{0.25}$，$C_{34} = C_3 + C_4 \times FR^{0.25}$，$FR$ 为基层温度大于零度的天数所占的比例。

2）裂缝

对于有接缝的混凝土路面，MEPDG 方法计算路面板中自下而上和自上而下的横向开裂，并消除两种裂缝同时出现在一个板中的可能性。自下而上的横向开裂是由板底受拉引起，通常出现在板中区域。板底受拉是由正温度梯度（板顶温度大于板底）和重复重载综合作用所致。自上而下的横向开裂是由板顶疲劳破坏引起的，是由负温度梯度和重复重载综合作用所致。计算路面板开裂时需要考虑这两种不同的开裂方式。路面板开裂计算公式如下：

$$CRK = \dfrac{1}{1 + (DI_F)^{-1.98}} \quad (3\text{-}51)$$

式中：CRK——路面板裂缝的占比；

DI_F——疲劳破坏的指标。

路面板的总裂缝数量 T_{CRACK} 可以通过上述两种类型裂缝的叠加来计算：

$$T_{CRACK} = CRK_{bottom\text{-}up} + CRK_{top\text{-}down} - CRK_{bottom\text{-}up} \times CRK_{top\text{-}down} \times 100\% \quad (3\text{-}52)$$

式中，$CRK_{bottom\text{-}up}$ 和 $CRK_{top\text{-}down}$ 分别为由下而上裂缝和由上而下裂缝的占比。

在计算路面板疲劳累积破坏时，MEPDG 方法采用 Miner 累计疲劳损伤理论，DI_F 可按下式

计算得到:

$$DI_F = \sum \frac{n_{i,j,k,m,n,o}}{N_{i,j,k,m,n,o}} \tag{3-53}$$

式中:n——在特定条件下荷载的加载数;

N——对应条件下荷载加载的允许数。

n 和 N 的下标 i 代表龄期系数,该龄期系数可反映混凝土弹性模量、弯拉强度、板与基层的摩擦、接缝传荷效率等指标的变化和劣化;下标 j 代表月份系数,该月份系数可反映基层弹性模量和地基反应动态模量的变化;下标 k 代表逐级增加的荷载水平;下标 m 代表板顶和板底的等效温差;下标 n 代表车辆荷载的偏移路径;下标 o 代表每小时内重车所占的比例。

荷载加载数 n 取决于交通条件、设计寿命与板内温差;荷载加载允许数取决于路面板的强度和板内应力的大小,可按下式计算:

$$\log(N_{i,j,k,m,n,o}) = C_1 \cdot \left(\frac{M_{Ri}}{\sigma_{i,j,k,m,n,o}}\right)^{C_2} \tag{3-54}$$

式中:M_{Ri}——混凝土的弯拉强度;

σ——特定条件下的板内应力;

C_1、C_2——修正参数,$C_1 = 2.0, C_2 = 1.22$。

3)国际平整度指数

国际平整度指数(IRI)可以用于量化路面的综合服役能力。针对有接缝素混凝土路面,MEPDG 方法在 IRI 计算中考虑了路面初始粗糙度和其他病害造成的平整度损失,其计算公式如下:

$$IRI = IRI_I + 0.8203 \times CRK + 0.4417 \times SPALL + 0.4929 \times TFAULT + 25.24 \times SF \tag{3-55}$$

式中:IRI_I——路面的初始粗糙度;

CRK——横向裂缝的占比;

$SPALL$——剥落的占比;

$TFAULT$——累积错台量;

SF——位置因素。

SF 的表达式如下:

$$SF = AGE(1 + 0.5556 \times FI)(1 + P_{200}) \times 10^{-6} \tag{3-56}$$

式中:AGE——路面板的龄期;

FI——受冻指数;

P_{200}——路基材料通过 200 号筛的筛余率。

$SPALL$ 的表达式如下:

$$SPALL = \left(\frac{AGE}{AGE + 0.01}\right)\left(\frac{100}{1 + 1.005^{-12 \times AGE + SCF}}\right) \tag{3-57}$$

式中,SCF 为与冻融条件相关的剥落系数,可按下式计算得到:

$$SCF = -1400 + 350 \times AC_{PCC} \times 0.5 + PREFORM + 3.4 f'_c \times 0.4 - 0.2 \times (FT_{cycles} \times AGE) + 43 H_{PCC} - 536 WC_{PCC} \tag{3-58}$$

式中:AC_{PCC}——混凝土的含气量;

$PREFORM$——密封剂指数,路面使用密封剂时取值为 1,未使用时取值为 0;

f'_c——混凝土的抗压强度；
FT_{cycles}——年度平均冻融循环次数；
H_{PCC}——混凝土的板厚；
WC_{PCC}——混凝土的水灰比。

4）接缝传荷系数

MEPDG方法采用接缝传荷系数来表征接缝处传递荷载的能力，接缝传荷系数LTE_{joint}是错台病害的决定因素之一，主要与接缝的连接方式和接缝材料有关，可按下式计算得到：

$$LTE_{joint} = 100\left[1 - \left(1 - \frac{LTE_{dowel}}{100}\right)\left(1 - \frac{LTE_{agg}}{100}\right)\left(1 - \frac{LTE_{base}}{100}\right)\right] \quad (3\text{-}59)$$

式中：LTE_{dowel}——传力杆的接缝传荷系数；
LTE_{base}——基层的接缝传荷系数；
LTE_{agg}——集料内嵌的接缝传荷系数。

将上述计算得到的路面性能指标与用户设定的设计标准来进行对比，便可确定初拟的路面结构设计是否符合要求或需要进一步调整设计。

3.2.5 薄层罩面

3.2.5.1 背景介绍

薄层白色罩面（Thin White Topping），通过在现有柔性或复合路面上铺筑水泥混凝土层，以实现对路面系统的修复，典型的薄层白色罩面如图3-14所示。目前在美国各州、欧洲和亚洲等地区得到广泛的运用。

当前学术界和工程界更倾向将薄层白色罩面称为沥青黏结混凝土罩面（Thin Bonded Concrete Overlay on Asphalt，简称BCOA），因为后者能更为具体地反映罩面的力学行为并能区分于非结合式混凝土罩面（Unbounded Concrete Overlays）。

图3-14 薄层白色罩面

BCOA与非结合式混凝土罩面的区别主要在于：（1）BCOA的厚度要小于非结合式混凝土罩面（厚度一般大于200mm）；（2）BCOA与下层的沥青层黏结形成复合板结构，可以共同抵抗交通荷载的作用，而非结合式混凝土罩面与下层沥青层分离，下层沥青层主要为上层混凝土板提供柔性支撑。

BCOA中混凝土罩面的厚度设置有特定的要求，并需要与非结合式混凝土罩面区分开来。100mm通常被设定为超薄BCOA和薄层BCOA的分界线，但薄层BCOA的厚度上限尚未明确，因为一旦混凝土罩面的厚度超过165mm，混凝土罩面与下层沥青层的结合作用将不再显著，BCOA更接近基层为沥青层的混凝土路面板。鉴于此，当混凝土罩面厚度在165mm左右时，可将其作为BCOA或普通路面结构进行分析。

在BCOA系统中，水泥混凝土罩面与沥青路面之间的界面是关键环节。此外，沥青基层、沥青与混凝土罩面之间的交互病害、薄层罩面错台的力学机理也值得重视。在进一步的研究中，可以考虑使用混凝土的内养护技术或掺用纤维来提高路面系统的性能。

3.2.5.2 设计方法

目前 BCOA 设计方法与 MEPDG 方法类似，通过在现有的 16 处薄层罩面路段上采集的数据对设计步骤进行修正，包括薄层罩面的强度模型与疲劳模型。这个设计方法适用于超薄和薄层 BCOA，混凝土罩面的厚度介于 75~150mm，罩面板的长度介于 0.6~3.7m。

BCOA 结构关键病害的发生取决于板的尺寸。对小板(板长≤1.37m)而言，板角断裂是最主要的破坏形式；对于中板(板长为 1.37~2.13m)而言，纵向开裂主要产生于横缝的轮迹带处；对于大板(板长>2.13m)而言，横向开裂始于板边。针对上述不同的开裂特点可构建交通荷载作用下的 BCOA 模型，用于计算其内部拉应力的发展，基本步骤为：①基于有限元程序建立理想黏结状态下的数据库；②构建分析模型并拟合适用参数。

具体而言，针对薄层罩面的力学－经验法在设计流程中考虑的因素主要包括：

1) 温度梯度的变化

采用预估板内温度梯度分布的方法，基于"增强内嵌温度模型"预测板内不同位置的温度发展，基于得到的温度分布情况建立路面板的等效线性温度梯度。

2) 沥青模量的变化

使用"LTTPBind 3.1"定义基层中的沥青材料，通过 Witcazak 动态模量预测方法来考虑沥青基层模量随时间的变化。

3) 交通荷载

交通荷载的设计类似于 AASHTO 的设计方法，采用等效单轮荷载作为输入参数。

4) 黏结条件

由于沥青基层对结构承载力有较大贡献，因此在薄层罩面设计时将混凝土板和沥青基层视为复合板来进行计算。

3.3 混凝土路面板内部温度监测及分析

3.3.1 温度梯度对路面板行为影响

水泥混凝土路面板是一种表面与周围环境接触面积较大的结构物。由于板顶暴露于大气环境下，受外部环境温、湿度的影响较大，而板底与路基或基层接触，其温度和湿度环境保持相对稳定。上述状况引起路面板上下表面的热量和水分交换有所不同，在板中沿深度方向形成温度或湿度梯度。

温度梯度对水泥混凝土路面板的翘曲与应力的影响一直是水泥混凝土路面设计和施工中需要考虑的重要因素。通常，白天由于太阳辐射的影响，板顶的温度高于板底，从而在板内沿深度方向形成正的温度梯度，板角向下翘曲，而晚上由于板顶温度低于板底，形成负的温度梯度，板角向上翘曲。无论哪种翘曲方式，皆会在板底形成脱空，在外部交通荷载的耦合作用下，在板中产生较大拉应力，最终导致结构性的疲劳损坏。

除了上述日常的温度梯度,还有一种温度梯度是在水泥混凝土硬化过程中形成,且受施工环境条件的影响较大,这种温度梯度称为固化温度梯度(built-in temperature gradient),其导致的翘曲为固化翘曲。固化温度梯度和固化翘曲较早在国外,特别是北美引起道路工作者的注意,目前已经开展了一些相关的研究,如研究不同铺筑季节对固化温差的影响,对固化翘曲程度进行量化等。由于这种翘曲可能会加强或减弱路面板内实际的温度梯度,增大翘曲及相应的板底脱空,对路面板的耐久性有着重要影响,因此需要予以关注。

水泥混凝土硬化过程中沿板深度方向上形成的固化温差是导致固化翘曲的原因。图3-15所示为不同施工环境条件下固化温差及固化翘曲的形成示意图。新铺筑的混凝土路面板在硬化前处于塑性状态,随着时间的推移而经历初凝和终凝。初凝是混凝土从流动状态到塑性状态的过渡,并在初凝时刻形成初始的固体骨架,但这时尚不具备承载能力;至终凝时,混凝土强度开始发展,并逐步具有抵抗外部荷载的能力。因此,从铺筑至终凝时刻,水泥混凝土板皆处于平面状态,没有翘曲变形。终凝时刻以后,由于混凝土强度和刚度的发展,板会通过翘曲变形来响应板内的温度梯度。由于路面板受到大气辐射、水泥水化、热交换的影响,板内沿深度方向存在不均匀的温度分布。如果铺筑时外部环境温度较高,太阳辐射强度高,则在硬化过程中板顶的温度高于板底,在终凝时形成正温差,对应着板的无翘曲变形状态,此正温差将永远存在于板中,成为固化温差。以后任何相对于固化温差的温差减小都会引起板角向上的翘曲变形,即使该温差仍然为正温差;对于白天气温较低或夜间的施工工况,终凝时刻由于板表面受环境温度影响较板内部温度低而造成板内存在负温差的情况,形成负的固化温差,则此后任何温差的增加都会引起板角向下的翘曲变形。

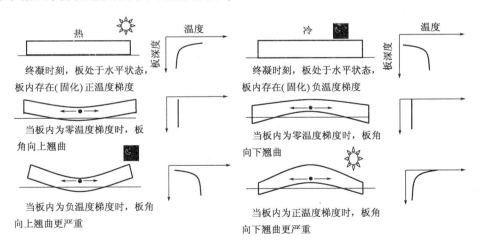

图3-15 混凝土路面板内固化温差及翘曲的变形

如前所述,水泥混凝土路面的温度梯度是温度应力计算的基础。虽然相关规范根据我国地理、地貌、气候等因素将公路所处的环境划分为不同的区划,并规定各公路自然区划的温度梯度以供设计使用。但是,由于我国幅员辽阔,各地区气候情况有显著的差异,公路自然区划的温度梯度取值未必能合理反映当地路面板的实际温度梯度,因此为准确确定混凝土路面板的温度梯度,有必要对混凝土路面板的温度进行监测。

3.3.2 温度梯度测试设备及方法

3.3.2.1 测试设备

在保证准确测试路面板温度梯度的同时,要求测试简单易行。测试方法所采用的主要设备有温度采集仪、温度传感器和蓄电池,如图3-16所示。设备的主要参数如下:

(1)温度采集仪:显示范围为 $-99.9 \sim +999.9℃$,显示精度为 $±0.1℃$,记录间隔为 $1s \sim 10min$,采用220VAC,50Hz交通电源供电,支持直流电源供电,工作环境温度为 $0 \sim 50℃$,湿度为 $0 \sim 85\%$。

(2)温度传感器:PT100防水热电阻,测温范围为 $-200 \sim 400℃$,探头直径为4mm,长度为10mm,3根接线头,接线头用质地较硬的黑色塑料壳包裹,引线长度可根据需要定制。

(3)蓄电池:采用骆驼牌6-QW蓄电池,12V供电。

a)温度采集仪   b)温度传感器   c)蓄电池

图3-16 路面板温度梯度测试的主要设备

3.3.2.2 测试方法

新建水泥混凝土路面板的温度梯度测试方法主要步骤如下:

(1)根据"上密下疏"的原则确定路面板沿深度方向的测试点数目,板中区域和板边区域共用一个表面温度测试点。

(2)对每一个温度传感器用直尺从探头处开始量取与其所处深度相等的长度,在此位置用胶布缠绕接线的塑料外壳作为标志,然后将每一个温度传感器(距离板顶2cm的温度传感器除外)从该标志处往探头方向量取2cm的距离,并用小刀在外壳此位置小心切开一个切口,使得温度传感器接线能折成直角,如图3-17所示,注意切割时不能切到接线。

(3)一般在水泥混凝土路面铺筑1h内进行温度传感器的埋设,埋设时间可根据混凝土的配合比和当地的气候作适当的调整,但是需保证在路面混凝土终凝之前完成温度传感器的埋设。

(4)分别用直径约为10mm的钢棒和锤子沿纵向方向每隔10cm钻取板中区域测试点和板边区域测试点所需的贯穿板厚的孔洞,板边区域测试点与路面边缘的距离为5cm,分别如图3-18和图3-19所示。

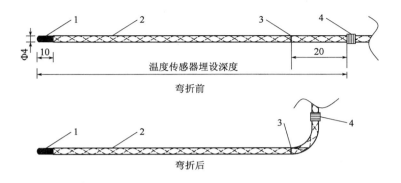

图 3-17　温度传感器的处理
1-温度传感器的探头;2-接线的塑料外壳;3-塑料外壳切口;4-胶布带环

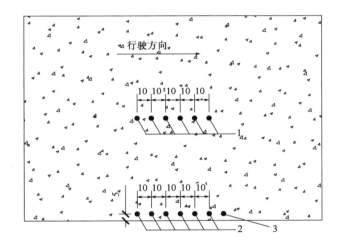

图 3-18　板中和板边区域的温度测点平面布置图
1-板中区域的测试点;2-板边区域的测试点;3-路面板表面温度的测试点

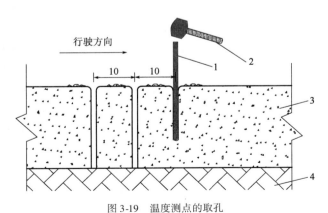

图 3-19　温度测点的取孔
1-直径约为10mm的钢棒;2-锤子;3-水泥混凝土面层;4-路面的基层

(5)分别将温度传感器(距离板顶2cm的温度传感器除外)竖直地插入孔内,使得接线外壳胶带标志与路面表面平齐,再用混凝土拌合物将孔洞回填至距离表面2cm的位置,距离板顶2cm的温度传感器横向安放于孔内,用镘刀等工具在路面中凿开一段深度约为2cm的凹槽,并将所有传感器的接线埋于凹槽中,再用混凝土拌合物回填并抹平,如图3-20所示。

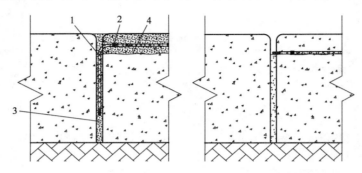

图3-20　距离板顶2cm测点的凹槽开挖及温度传感器安放
1-塑料外壳切口;2-胶布带环;3-水泥混凝土拌合物;4-路面表面开挖的凹槽

(6)对于路面板表面的测试点,直接用胶布将温度传感器粘贴于板边区域的表面,并在胶布上扎若干个小孔以确保空气的对流。

(7)将温度传感器的接线头连接到采集仪上,接通电路,设置好记录间隔等参数即可进行路面板温度的测量。

3.3.2.3　测试实例

对云南省迪庆藏族自治州和普洱市这两个不同地域的混凝土路面板内温度分布进行现场测试。迪庆藏族自治州位于云南省西北部滇、藏、川三省区交界处,海拔1486~6740m。气候属温带—寒温带气候,年平均气温4.7℃~16.5℃,年极端最高气温25.1℃,最低气温-27.4℃,立体气候明显,有"一山分四季,十里不同天"的说法。普洱市位于云南省西南部,受亚热带季风气候的影响,大部分地区常年无霜,冬无严寒,夏无酷暑,年均气温15℃~20.3℃,年无霜期在315天以上,年降雨量1100~2780mm。

根据上述方法在两地的新建混凝土路面板中采用埋入式温度传感器进行板内温度分布的连续测量。迪庆藏族自治州和普洱市路面板厚分别为20cm(测点深度为0、2、6、10、15和20cm)和16cm(测点深度为0、2、4、9和16cm),根据板厚不同选择不同的测点深度。

从迪庆试验路段多天实测20cm厚的混凝土路面板内的温度变化曲线来看,每天的温度变化曲线形式基本一致。现取实测板一天内不同深度处的温度变化曲线如图3-21所示。在11:00左右混凝土路面板不同深度的温度基本相同,此时板内的温度梯度接近于零。在13:00左右板顶的温度达到最大值,板内不同深度的温度达到最大值的时间要晚于13:00,滞后时间随着板深增大而增大。总体而言,白天板顶温度要高于板底,晚上则板底温度要高于板顶。

图3-22是路面板温度梯度的变化曲线,混凝土路面板温度梯度在11:00时接近于零,13:00时达到最大,最大值为0.91℃/cm,2:00时达到最小,最小值为-0.53℃/cm。一天内路面板内的温度梯度呈正负交替变化,白天路面板内基本为正温度梯度,晚上则为负温度梯度。

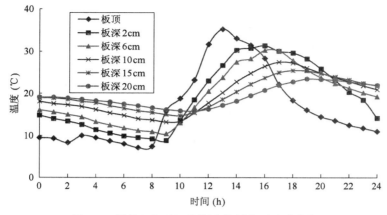

图 3-21 混凝土路面板不同深度的实测温度变化曲线

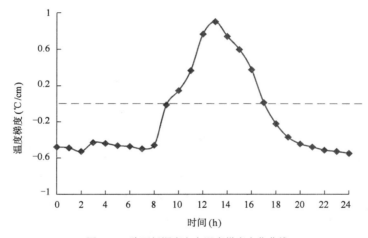

图 3-22 路面板深度方向温度梯度变化曲线

图 3-23 是路面板温度沿板厚的变化曲线,混凝土路面板沿板厚方向的温度分布规律随着时间变化而发生改变。板内温度沿板厚方向基本呈两种形状:线性分布以及不对称抛物线分布。一天中板内温度经历了"朝右面凸出的不对称半抛物线"→"线性"→"朝左面凸出的不对称半抛物线"→"线性"→"朝右面凸出的不对称半抛物线"的不断演变过程。板顶温度由于受外界环境温度变化影响较大,呈现相较板底温度更为剧烈的变化趋势,也直接决定了板顶和板底温差的正负值。

3.3.3 新建路面板的固化温差和有效温差

如前所述,施工环境对固化温差的影响至关重要,为了量化其影响,可按图 3-24 的方法来确定固化温度梯度。下面以迪庆和普洱两地新建混凝土路面的固化温差的量化为例进行介绍。图 3-25 所示为思茅春季和迪庆秋季施工的路面板自铺筑后不同深度处的温度随龄期的变化图。由图 3-25 可以看出,板内温度变化随昼夜气温变化,其中表面处受外部环境温度影响较大,波动幅度也最大,板底处温度波动幅度最小。由于太阳辐射缘故,即使在春、秋季施工条件下,中午时分路表面温度也可达 33℃。图 3-25 中所测的板内温度分布将用于确定两种情

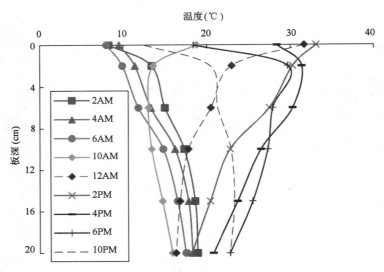

图 3-23 路面板沿深度方向温度分布变化曲线

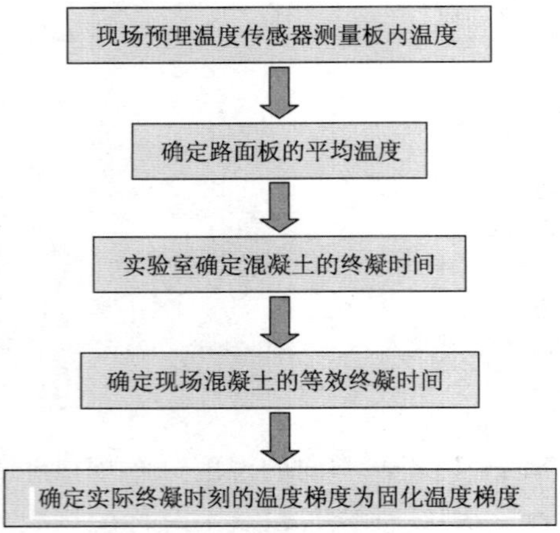

况下路面板内的固化温差。

固化温差是水泥混凝土路面板终凝时刻所对应的温差。因此，为确定固化温差需要首先确定现场混凝土的终凝时间。但混凝土终凝时间通常是在实验室恒定温度情况下测试得到，而现场混凝土温度变化较大，必须将现场混凝土龄期转化为与实验室终凝时间测定条件相同的等效龄期，故需要确定现场混凝土路面板内的平均温度。路面板中的平均温度 T_{ave} 可采用下式计算得到：

$$T_{ave} = \frac{\sum_{i=1}^{N}(T_i + T_{i+1}) \cdot (h_i + h_{i+1})}{2h_c} \quad (3\text{-}60)$$

式中：T_i——测点 i 处的温度；

h_i——板内测点 i 处距板表面的深度。

图 3-24 固化温度梯度分析流程

水泥混凝土路面板内平均温度随气温波动变化如图 3-26 所示。由图 3-26 可以看出，水泥混凝土路面板内平均温度随气温波动变化，但板中平均温度在气温变化范围的高值附近波动，且春季和秋季的板内平均温度较为接近，其原因主要在于两条试验路段同处于低纬度和高海拔地区，受季风气候制约较强，因此春秋温差较小，季节差异不明显。

由于温度影响水泥混凝土的水化程度及凝结时间，相同配合比的水泥混凝土在不同养生温度（10℃、21℃、30℃）情况下的终凝时间可以通过贯入度试验进行确定，结果如图 3-27 所示。可以看出水泥混凝土的终凝时间随着养生温度的升高而缩短。在 10℃的养生温度下，终凝时间长达 10h；而在 32℃的养生温度下，终凝时间缩短至一半，即 5h；在 21℃养生条件下终凝时间为 5.4h。终凝时间 $t_{final-set}$ 与养生温度 $T_{curing}^{-0.658}$ 的拟合关系式可表达为：

$$t_{final-set} = 45.123 \times T_{curing}^{-0.658} \quad (3\text{-}61)$$

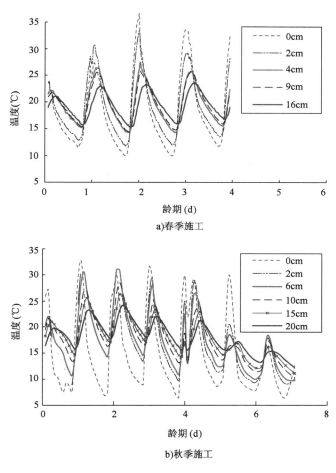

图 3-25 路面板不同深度处温度与龄期关系

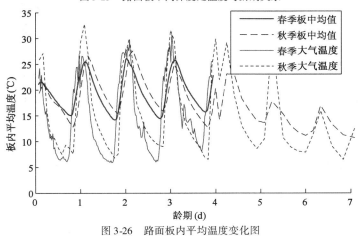

图 3-26 路面板内平均温度变化图

由于现场混凝土路面板内的平均温度随时间变化，为方便计算混凝土实际的终凝时间，采用 21℃ 为确定终凝时间的标准温度。利用图 3-26 的板内平均温度（T_{ave}）以及混凝土等效龄期(T_{eq})表达式反算出实际情况下终凝时间 t_0 的等效龄期表达式：

$$T_{eq} = \int_0^t \exp\left[\frac{E_{sa}}{R}\left(\frac{1}{T_0} - \frac{1}{273+T(t)}\right)\right]dt \quad (3-62)$$

式中：R——理想气体常数，其值为 8.314J/(mol·K)；

T_0——基准温度，取 21℃，即 294K；

$T(t)$——随龄期变化的混凝土温度，在这里取板内的平均温度 T_{ave}；

E_{sa}——表面活化能，取为 42664J/mol，可以根据胶凝材料化学组成及物理性能等按照下式计算得到：

$$E_{sa} = 22100 \cdot f_E \cdot p_{C_3A}^{0.3} \cdot p_{C_4AF}^{0.25} \cdot Blaine^{0.35} \quad (3-63)$$

式中：p_{C_3A}——水泥熟料中 C_3A 的质量百分比；

p_{C_4AF}——水泥熟料中 C_4AF 的质量百分比；

$Blaine$——水泥熟料的比表面积，取值为 353m²/kg；

f_E——活化能的修正因子，反映外加掺和料对活化能的影响，由于所用的混凝土配合比未掺外加掺合料，因此取为 1.0。

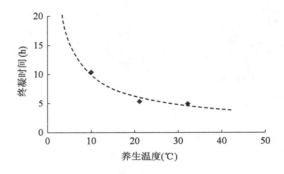

图 3-27 混凝土终凝时间与温度关系

为了求解实际终凝时间 t，可将 [0,t] 等间隔 Δt（取为 10min）离散化为 N 段，即 $t = N\Delta t$，且 $t_i = i\Delta t$。根据计算所取基准温度 21℃条件下的终凝时间 $t_{final-set} = 5.4$h，由下式计算得到实际终凝时间 t：

$$t = \sum_{i=0}^{N-1} \exp\left[\frac{E_{sa}}{R} - \left(\frac{1}{T_0} - \frac{1}{273+T(t_i+\Delta t/2)}\right)\right]\Delta t \quad (3-64)$$

根据式(3-64)可以计算出春季施工和秋季施工两种情况下的现场混凝土终凝时间分别为铺筑后 5.6h 和 6.7h。因此，相对于施工时间 15:00（春季）和 12:00（秋季），终凝时间分别对应 20:30（春季）和 18:40（秋季）。

在春季和秋季施工条件下，混凝土路面板铺筑 1d 范围内的几个典型时刻（包括终凝时刻）的温度沿深度分布如图 3-28 所示。可以看出 1d 内板深度方向的温度为非线性分布，上部温度变化范围较大，下部温度相对较为稳定。固化温差由终凝时刻路面板的温度确定，春季施工情况所对应的终凝时刻(20:30)的固化温差为 $\Delta T_{built-in} = -3.8$℃。对于秋季施工的情况，对应终凝时刻(18:40)的固化温差为 $\Delta T_{built-in} = -4.4$℃。两种施工状况下的固化温差皆为负值，表明任何大于此固化温差的板内实际温差都将导致板角向下翘曲，即板中脱空。

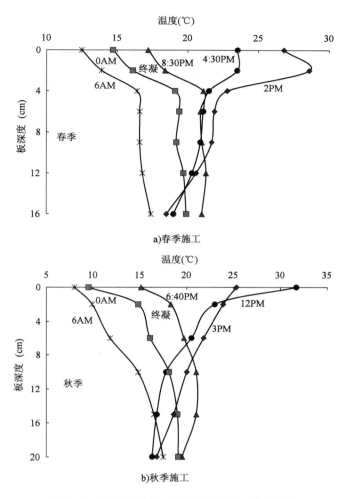

图 3-28　春季和秋季铺筑后 1d 内板内温度分布变化

研究表明,施工环境条件导致的固化温差将永远存在于路面板中。考虑到硬化后水泥混凝土路面板内温差还受到外部环境温度的影响而产生日常温差,而这个温差也能够测量得到。因此,定义硬化后混凝土板中的有效温差或总温差 ΔT_{eff} 为实际测得温差 $\Delta T_{measured}$ 与固化温差 $\Delta T_{built-in}$ 的组合,即:

$$\Delta T_{eff} = \Delta T_{measured} - \Delta T_{built-in} = (T_{top-m} - T_{bot-m}) - (T_{top-fs} - T_{bot-fs}) \quad (3-65)$$

式中:T_{top-m} 和 T_{bot-m}——路面板上表面和下表面实际测量得到的温度;

T_{top-fs} 和 T_{bot-fs}——路面板上表面和下表面终凝时刻的温度。

图 3-29 所示为两种铺筑情况下混凝土板内的实际测得温差和有效温差。可以看出,由于两种施工环境下的固化温差为负值,因此板内有效温差皆大于实测温差,板内有效温差在一天内的绝大多数时间都处于正值,且最大的正有效温差可达 20℃。这种情况将会导致混凝土板在一天内的大部分时间都处于板角向下翘曲或板中脱空状态,这对于车轮荷载作用于板中的情况较为不利,易在板底产生拉应力及板底的疲劳开裂。

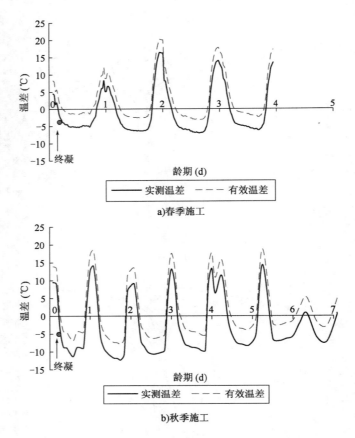

图 3-29　春季和秋季铺筑路面板内的实测温度与有效温差

对于板深方向温度呈线性分布的路面板，其温度梯度可由有效温差除以板厚得到。但对于温度呈非线性分布的路面板，可根据翘曲等效原则的方法来确定其等效线性温度梯度。

对于长宽相差不大的路面板，可假定长宽方向的曲率相等，则在线性温度梯度作用下，路面板的弯矩表达如下：

$$M_{\Delta T_0} = \frac{E_c \alpha_c \Delta T_0 h_c^2}{12(1-\mu_c)} \tag{3-66}$$

式中：ΔT_0——路面板上下表面温度之差。

由非线性分布温度引起路面板的翘曲弯矩可表达为：

$$M_{non} = \int_{-0.5h_c}^{0.5h_c} \sigma(z) z \mathrm{d}z = \frac{E_c}{1-\mu_c} \int_{-0.5h_c}^{0.5h_c} \varepsilon(z) z \mathrm{d}z = \frac{\alpha_c E_c}{1-\mu_c} \int_{-0.5h_c}^{0.5h_c} T(z) z \mathrm{d}z \tag{3-67}$$

式中：z——沿路面板厚方向位置，其中板中位置 $z=0$，上表面 $z=0.5h_c$，下表面 $z=-0.5h_c$；

$\sigma(z)$——路面板深 z 处的温度应力；

$\varepsilon(z)$——路面板深 z 处的温度应变；

$T(z)$——路面板深 z 处的温度，可用多项式来表示。

根据式(3-66)和式(3-67)，可得非线性温度分布的路面板的等效温度梯度表达式：

$$\frac{\Delta T_0}{h_c} = \frac{12}{h_c^3}\int_{-0.5h_c}^{0.5h_c} T(z)z\mathrm{d}z \tag{3-68}$$

3.3.4 等效温度梯度的三种计算方法比较

接触环境的不同会导致板顶和板底边界条件的差异。结合混凝土材料自身传热特征,通常会在板内产生非线性的温度分布。这种非线性的温度分布会给后续计算温度变形、温度翘曲和温度应力时带来不便。在实际应用中,常将板内的温度场用温度梯度来代替,如我国水泥混凝土路面设计规范采用的依据地域划分的最大温度梯度。因此基于实测数据简化温度参数,在研究和工程实践中均有较大的价值。

3.3.4.1 通用温度梯度 $\Delta T_{top\text{-}bottom}$

国内外一般将板表和板底的温度差作为板内温度梯度的表征,特别是板表位置的温度值易测,该方法可以方便地得到温度参数。基于板顶实测温度(T_{top})和板底实测温度(T_{bottom})差计算温度梯度记作 $\Delta T_{top\text{-}bottom}$:

$$\Delta T_{top\text{-}bottom} = \frac{T_{top} - T_{bottom}}{h_c} \tag{3-69}$$

通用温度梯度 $\Delta T_{top\text{-}bottom}$ 考虑了板顶和板底两处的温度值,由于板顶温度受环境影响较大,而板内温度梯度也主要受到环境因素的周期性变化,因此 $\Delta T_{top\text{-}bottom}$ 作为板内温度场的表征,其正负符号一般较为合理,物理意义直观,便于计算。但由于实际的温度场具有非线性分布的特征,$\Delta T_{top\text{-}bottom}$ 在计算板翘曲时的准确程度会受到影响。

3.3.4.2 基于实测温度场等效量化温度梯度 ΔT_{eq}

在板内埋设了温度传感器时,可以基于不同深度处的温度实测数据进行等效换算,得到等效温度梯度 ΔT_{eq}。该方法一般以温度产生的弯矩作为等效条件,考虑了板内温度场引起的变形,具有力学意义。

具体而言,在沿深度方向的对称区间内(即取板中为深度零点),基于温度力矩等效原则,将非线性温度梯度进行简化。即将实测的非线性温度 $T(z)$ 对板中平面求弯矩,该弯矩与使用等效温度梯度 ΔT_{eq} 求得的温度弯矩相等,如图 3-30 所示。

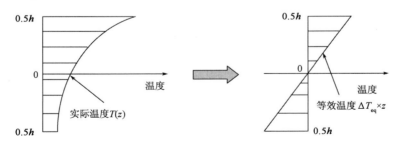

图 3-30 等效温度梯度转化示意图

上述等效过程可由式(3-70)表示,基于该式求出的 ΔT_{eq} 即为基于实测温度场的等效温度梯度。

$$\int_{-0.5h_c}^{0.5h_c} \alpha_c(\Delta T_{eq} \cdot z)z\mathrm{d}z = \int_{-0.5h_c}^{0.5h_c} \alpha_c T(z)z\mathrm{d}z \qquad (3\text{-}70)$$

3.3.4.3 基于实测应变场等效量化温度梯度 ΔT_{strain}

鉴于路面板的翘曲由路面板内不均匀应变分布引起，实测应变场可以作为路面板翘曲的直接表征。因此使用基于实测应变场等效量化板内温度梯度 ΔT_{strain}，可以更加准确地表征非荷载因素对路面板翘曲的影响。

路面板在发生翘曲时，其挠度曲线可视为两个方向挠度之和，由式(3-71)表达，计算坐标系统如图 3-31 所示：

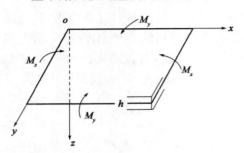

图 3-31 温度梯度计算的坐标系统

$$w_c = w_c(x) + w_c(y) \qquad (3\text{-}71)$$

此时，根据威斯特卡德求解弹性地基板挠度的方法，可以求得路面板在温度影响下的挠度曲线，如公式(3-72)所示。由于挠度 w_c 可视为两个方向挠度之和，下述推导过程只列出 x 方向的表达式。

$$w_c(x) = e^{\frac{x}{\sqrt{2}l_c}}\left(A_1\cos\frac{x}{\sqrt{2}l_c} + B_1\sin\frac{x}{\sqrt{2}l_c}\right) + e^{-\frac{x}{\sqrt{2}l_c}}\left(C_1\cos\frac{x}{\sqrt{2}l_c} + D_1\sin\frac{x}{\sqrt{2}l_c}\right) \qquad (3\text{-}72)$$

若已知温度梯度，$A_1 \sim D_1$ 四个参数可由路面板四周的弯矩及横向剪力等于零的条件求得，弯矩和剪力可表达为：

$$M_x = -D_c\left(\frac{\partial^2 w}{\partial x^2} + v\frac{\partial^2 w}{\partial y^2}\right) + M_T \qquad (3\text{-}73)$$

$$Q_x = -D_c\frac{d^3 w(x)}{dx^3} \qquad (3\text{-}74)$$

式中：$M_T = \dfrac{E\alpha}{1-v}\int_{-0.5h}^{0.5h} Tz\mathrm{d}z$ ——变温的等效弯矩；

z ——距中性面的距离；

T ——板内任意点等效为线性温度梯度后的温度，为 z 的函数，若将板内温度 T 采用等效线性温度梯度 ΔT_{strain} 表达，则有：

$$T = z \cdot \Delta T_{strain} \qquad (3\text{-}75)$$

此时等效线性温度梯度产生的等效弯矩可表达为：

$$M_T = D_c(1+\mu_c)\alpha_c\Delta T_{strain} \qquad (3\text{-}76)$$

求解得到式(3-72)中的参数为：

$$\begin{cases} A_1 = C_1 = \dfrac{\cos\delta_a \cdot ch\delta_a}{\sin2\delta_a + sh2\delta_a}(-\tan\delta_a + th\delta_a)\alpha_c\Delta T_{strain}l_c^2 \\ B_1 = -D_1 = \dfrac{\cos\delta_a \cdot ch\delta_a}{\sin2\delta_a + sh2\delta_a}(\tan\delta_a + th\delta_a)\alpha_c\Delta T_{strain}l_c^2 \end{cases} \qquad (3\text{-}77)$$

式中，$\delta_a = \dfrac{a}{2\sqrt{2}l_c}$，$a$ 为路面板 x 方向的边长。

另一方面,基于应变传感器采集的应变数据为 ε_x,依据薄板翘曲时弹性力学基本公式:

$$\varepsilon_x = -\frac{\partial^2 w}{\partial x^2}z = -\frac{d^2 w(x)}{dx^2}z \tag{3-78}$$

基于公式(3-78)有:

$$\frac{d^2 w(x)}{dx^2} = 2\left[e^{\frac{x}{\sqrt{2}l_c}}\left(-A_1\sin\frac{x}{\sqrt{2}l_c}+B_1\cos\frac{x}{\sqrt{2}l_c}\right)-e^{-\frac{x}{\sqrt{2}l_c}}\left(-C_1\sin\frac{x}{\sqrt{2}l_c}+D_1\cos\frac{x}{\sqrt{2}l_c}\right)\right] \tag{3-79}$$

考虑到 $A_1 = C_1$、$B_1 = -D_1$,基于板中($x=0$)的实测应变可以求出 B_1,D_1,再根据板角的实测应变可以求出 A_1,C_1,从而反算出板内的基于应变场等效量化的温度梯度 ΔT_{strain}。

3.3.4.4 三种等效温度梯度的比较

为了比较上述的三种温度梯度,以衡量哪种温度梯度在路面结构设计中更为合理,在现场通过浇筑后埋设传感器对新建混凝土路面板内的温度分布进行连续测量。混凝土路面板的尺寸为 5m×4m,板厚度为 24cm。采用较厚的板厚是为了覆盖温度及变形分布的非线性分布全特征。传感器在混凝土初凝前埋入板内不同深度处,所使用的传感器及其分布情况如图 3-32 所示。图 3-33 是实测的板内不同深度处的温度和应变的变化图。可以看出,应变的变化与温度变化趋势相同。应变变化随深度的增加而减小。

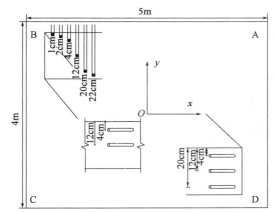
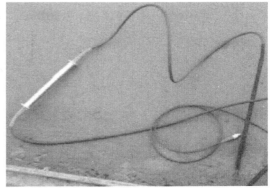

图 3-32 新建水泥混凝土路面内埋设温度和应变传感器

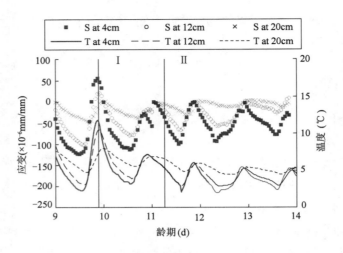

图3-33 路面板内不同位置处实测温度(T)和应变(s)变化

利用现场实测的温度和应变分布数据,可以求得基于板顶和板底的温度差的等效温度梯度 $\Delta T_{top-bottom}$、基于温度场的等效温度梯度 ΔT_{eq} 和基于应变场的等效温度梯度 ΔT_{strain},进而对三者进行比较,结果如图3-34所示。可以看出,三种等效温度梯度的变化趋势基本一致,均随气温的波动以24h为周期变化。

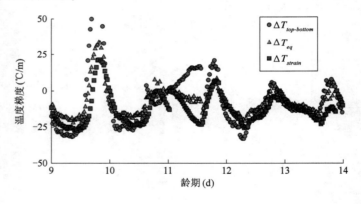

图3-34 三种温度梯度的比较

就三者各自的特点来讲,基于应变场反算的等效温度梯度 ΔT_{strain} 与基于温度场的等效温度梯度 ΔT_{eq} 的幅值近似,在测试时间段内,最大幅值均约为50℃/m,但 ΔT_{strain} 略偏向负温度梯度的方向。这是由于板内不仅存在温度场,湿度也会随板深的不同而变化。板表与湿度远低于板内的大气环境接触,扩散作用导致板顶干燥更快,从而使得板顶区域收缩更大,作用等同于负温度梯度,而应变实测值中包含了这部分等效于负温度梯度的湿度场的影响,反算出来的等效温度梯度会偏向负值。同时干燥是一个缓慢的过程,由湿度降低引起的收缩在一段时间内较为稳定,导致了如图3-34所示的 ΔT_{strain} 尽管整体朝负值方向偏移,但幅值总体与 ΔT_{eq} 近似。

图3-35 为 ΔT_{strain} 与 ΔT_{eq} 的关系图,用最小二乘法拟合可得到二者满足以下的关系式:

$$\Delta T_{eq} = 0.97\Delta T_{strain} + 5.17, R^2 = 0.85 \tag{3-80}$$

式(3-80)表明 ΔT_{eq} 整体偏向正值,而幅值与 ΔT_{strain} 相似。若考虑更明确的物理意义,将湿度梯度变化缓慢视为恒定,则二者的幅值应相等,可以得到以下的关系式:

$$\Delta T_{eq} = \Delta T_{strain} + 5.60, R^2 = 0.85 \tag{3-81}$$

另一方面,通过温差计算出来的通用温度梯度 $\Delta T_{top\text{-}bottom}$ 幅值最大,尤在正温度梯度区间显著。在正温度梯度区间,$\Delta T_{top\text{-}bottom}$ 最大可达两倍的 ΔT_{strain},同时也远远高于 ΔT_{eq},例如,$\Delta T_{top\text{-}bottom}$ 与 ΔT_{strain} 之差最大达到 25℃/m,$\Delta T_{top\text{-}bottom}$ 与 ΔT_{eq} 之差达 10℃/m 以上。在负温度梯度区间,$\Delta T_{top\text{-}bottom}$ 约为 1.5 倍的 ΔT_{eq},但 $\Delta T_{top\text{-}bottom}$ 与 ΔT_{strain} 的偏差略小。这是因为,直接与大气接触的板顶区域温度变化剧烈,而热量通过混凝土介质的热传导逐渐向板内深度方向传递,不同深度处的温度变化曲线的波动幅度随深度而衰减,从而使得与基层接触的板底区域的温度较为稳定。较之混凝土板内部的传热特性和板底-基层边界,板顶-大气边界会产生更剧烈的温度波动,因此仅考虑板顶温度和板底温度时,板顶-大气边界的影响较大,导致 $\Delta T_{top\text{-}bottom}$ 的变化幅度更大。

ΔT_{eq} 与 $\Delta T_{top\text{-}bottom}$ 的关系如图 3-36 所示,$\Delta T_{top\text{-}bottom}$ 的变化幅度大于 ΔT_{eq},二者的关系拟合式为:

$$\Delta T_{top-bottom} = 1.63 \Delta T_{eq}, R^2 = 0.89 \tag{3-82}$$

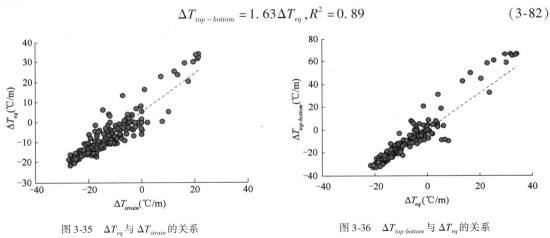

图 3-35　ΔT_{eq} 与 ΔT_{strain} 的关系　　　　　图 3-36　$\Delta T_{top\text{-}bottom}$ 与 ΔT_{eq} 的关系

注意到在正温度梯度区间(一般在中午),太阳辐射直接影响板表温度,导致 $\Delta T_{top\text{-}bottom}$ 进一步增大。通用温度梯度 $\Delta T_{top\text{-}bottom}$ 的工程意义较大,虽然基于板顶和板底两个位置的温度数据可能会高估板内的温度梯度,但这种处理方法在工程应用方面偏于安全。此外,当水泥混凝土路面板厚较大时,板底的温度在一段时间内基本保持稳定,这样可仅通过测量板表的温度来评估板内的温度场。

综上所述,实测应变值是板内变形情况的直观反映,通过实测应变值反算得到的板内等效温度梯度 ΔT_{strain} 可以用来验证基于板顶-板底温度差 $\Delta T_{top\text{-}bottom}$ 和基于板内温度场的等效温度梯度 ΔT_{eq} 是否可靠。基于上述的比较结果可知,三者变化趋势大致相同,但由于 $\Delta T_{top\text{-}bottom}$ 受板-大气边界条件影响较大,导致其幅值偏大,对正负温度梯度均有所高估。而 ΔT_{eq} 幅值与 ΔT_{strain} 近似,但其未考虑变化缓慢且可等效为负温度梯度的板内湿度梯度的影响,从而低估负温度梯度,相应地对正温度梯度会有所高估。等效温度梯度是计算路面板变形和应力的重要参数,从路面结构设计角度来看,基于板顶-板底温度差的等效温度梯度 $\Delta T_{top\text{-}bottom}$ 是表征板内温度场偏于安全的选择。

3.4 板内应变的分布特点

在环境因素的影响下,尤其是在温度变化的影响下,水泥混凝土路面板会产生翘曲变形。在板内布设应变传感器,可以实测不同深度处路面板的变形情况,从而量化路面板在环境温湿度作用下的力学响应。

3.4.1 板深方向的应变非线性分布特征

在混凝土路面板翘曲的计算中,重要的计算条件之一是平截面假设,该假设认为截面处的应变值大小与该截面距中性面的距离成正比,即对称于中性面的深度处应变值应相等。然而基于水泥混凝土路面板不同深度处布设的应变传感器采集的数据显示,实际情况与平截面假设有较大差距。四周自由的水泥混凝土路面板角处的应变实测结果如图3-37所示,由图3-37可以看到,在距板顶4cm处,实测应变的范围为228×10^{-6},远大于在距板底4cm处的实测值,该处的实测应变范围仅为40×10^{-6}。造成该现象的主要原因在于不同深度处所受到的约束并不均匀,由于实测路面板四周自由无约束,所以板角处的变形相对可以自由发展,而板底处的变形受到了基层摩擦的约束。当然在实际工程中,路面板会受到周围板体和路肩的约束,但在水泥混凝土路面板设计时,应重视板内应变非线性的特征,留足富余系数。

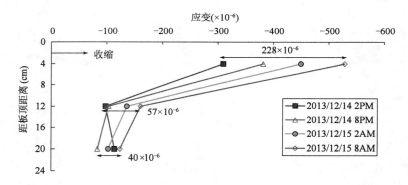

图3-37 板角处不同深度的应变值

3.4.2 板角和板中应变的分布特点

路面板中的应变不仅在深度方向呈现非线性的特征,在平面方向的分布也不均匀。由图3-38可以看到,板角处的应变变化范围远大于板中。考虑到板角和板中的温度分布差异不大,因此应变的显著差异也可能是由约束条件的不同引起的。

使用有限元程序对温度应变进行预测,可以分析平面不同位置中应变的分布特点。路面板温度应变的预测结果如图3-39所示。由图3-39可以看出,在非线性温度的影响下,板角位置的应变呈现显著的非线性特征,且分布规律与温度曲线近似。非线性程度从板角至板中逐渐减小,沿深度分布的应变逐渐变为线性。非线性和线性应变分布的分界点大致在距板边 5%～10% 的范围内,在此范围外,路面板在温度梯度作用下的变形符合平截面假设。

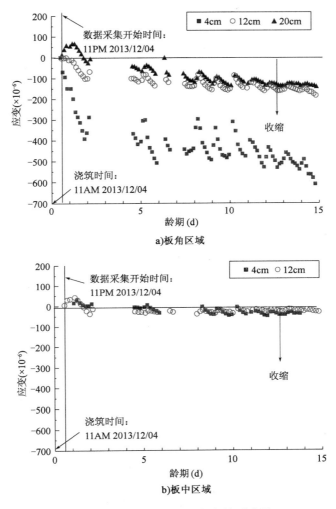

图 3-38　路面板不同区域应变随时间的发展

3.4.3　干燥收缩的影响

板内实测的应变除了受温度分布的影响,也会受到湿度分布的影响。混凝土路面板浇筑后,受所处环境的湿度变化和自身的水化反应影响,一般会产生干燥收缩,该收缩可以使用零温度梯度时的应变分布来量化。严格意义上讲,零温度梯度是路面板深度方向各处温度相等的时刻,但这种时刻在实际监测中很难被测得,所以选取近似零温度梯度的情况来分析应变分布,结果如图 3-40 所示。由图 3-40 可以看到,板顶板底的温差范围为 0～1.5℃。在板角处,板顶的应变远大于其他部位,鉴于沿板深的温度基本一致,板顶应变主要由干燥收缩引起。而对于板中而言,不同深度处的应变值基本一致,即干燥收缩的影响不显著。

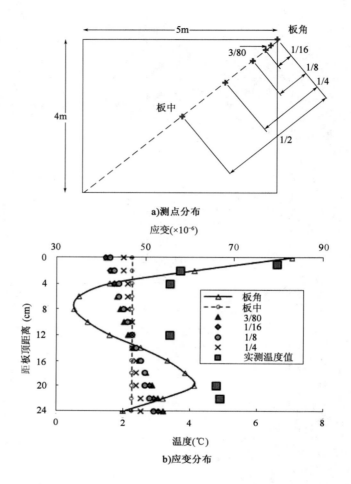

图 3-39 距板角不同距离的应变分布特征

通过比较基于温度分布建模计算得到的板内应变分布与实测的该温度分布下的应变分布,可以量化干燥收缩的数值。选取受干燥收缩影响大的板角部位进行分析,板角处实测应变与计算应变的对比如图 3-41 所示,可以看出板顶处的实测收缩应变明显大于计算值,而深度方向其他部位的计算值与实测值接近。实际应变分布的非线性程度远大于仅考虑温度因素计算得出的应变分布。

在统计应变实测值和计算值的基础上(图 3-42),可以发现板顶处除温度收缩之外的收缩达到 315×10^{-6},该收缩主要由混凝土的干燥收缩导致;而板深其他部位除温度收缩之外的收缩值仅为 $(10 \sim 20) \times 10^{-6}$,该收缩可能由自收缩引起,因此各处差异不大。现有的研究也表明,干燥收缩仅影响板表 $5 \sim 10$ cm 区域。

综上所述,即使在未受车辆荷载时,水泥混凝土路面板内也存在显著的非线性应变分布。因此在水泥混凝土路面板设计时,应重视板内应变非线性的特征,留足富余系数。

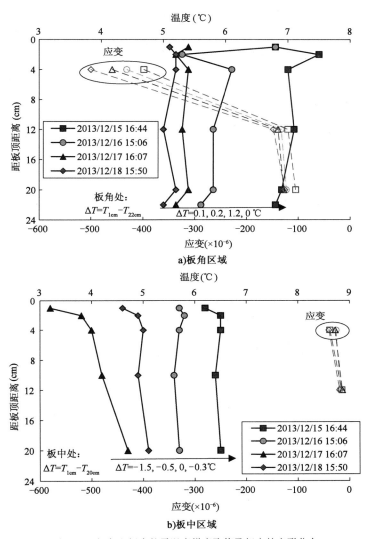

图 3-40　板角和板中的零温度梯度取值及相应的变形分布

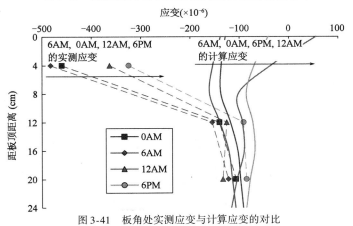

图 3-41　板角处实测应变与计算应变的对比

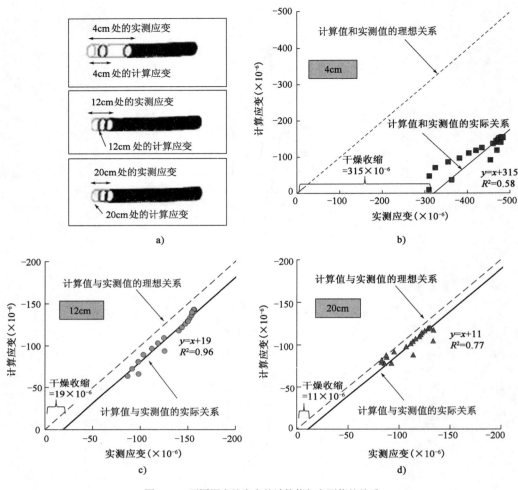

图 3-42　不同深度处应变的计算值与实测值的关系

3.5　农村公路水泥混凝土路面设计流程及参数选取

本节将以云南省的农村公路设计为例介绍农村公路水泥混凝土路面设计的流程及参数选取。

3.5.1　资料的收集和整理

(1) 收集沿线建筑材料的分布、水文地质状况及气象(如温度、降雨)资料。

公路与其他土木建筑物最大的不同之处在于公路是一种带状的结构物,大部分表面暴露于自然环境中,受到干燥、雨水、冻融等因素的影响,因此对路用混凝土的质量要求较高。我国地域辽阔,各地气候、地形、地貌、工程地质等条件存在很大的差异。对于同一条公路,当其里程较长,跨越的区域较多时,路基和路面所面临的自然环境就会有所不同。在进行农村公路设计时,如果不考虑公路所处环境的差异性,缺乏针对性的设计,就可能达不到农路公路建设低造价和长寿命的目标。

云南省位于我国西南地区,地形非常复杂:东部和南部是云贵高原,而西北部是高山深谷的横断山区。由于地处低纬度高原,地理位置特殊,地形地貌复杂,气候也比较复杂。因此,必须对云南省不同地区的地貌条件、地质条件、气候条件以及水文条件等自然环境进行调查,分析不同的自然环境对农村公路建设的影响,从而确定路面设计所需参数的设计值。为了便于公路工程的设计,我国已经制定了全国公路自然区划划分的相关标准。全国的公路自然区划一共可划分为 3 个层次:一级区划、二级区划和三级区划。鉴于本章节内容的重点在于农村公路水泥混凝土路面面层的设计,本章节只将云南省公路区划中的一级区划进行总结,为路面设计提供参考。

全国一级区划的划分指标主要有气候指标、地貌构造指标和土质指标,考虑到地理、地貌、气候等因素,以全年均温 $-2℃$ 等值线、一月份均温 $0℃$ 等值线两条均温等温线和 $100cm$ 等高线、$3000m$ 等高线两条等高线进行划分,全国一共可以划分为 7 个一级区划。其中,云南省大部分位于Ⅴ西南潮暖区,少部分位于Ⅶ青藏高寒区。这两个区划分别根据气候指标和地貌构造指标划分得到,两个区划的特征如表 3-20 所示。根据《公路水泥混凝土路面设计规范》(JTG D40—2011)的相关规定,云南省农村公路所处Ⅴ西南潮暖区和Ⅶ青藏高寒区的水泥混凝土面层的最大温度梯度标准值在 $83 \sim 98℃$,如表 3-21 所示。

云南省所处一级区划的特征　　　　　　表 3-20

一级区名	平均气温（℃）	平均最大冻深（cm）	潮湿系数	地势阶梯	土质带
Ⅴ西南潮暖区	1月大于0,全年 14~22	<20	1.00~2.00	东部1000m 等高线以西、西南3000m 等高线以东,	紫黏土,红色石灰土,砖红黏性土
Ⅶ青藏高寒区	1月小于0,全年小于10	除南端外 40~250	0.25~1.50	西南3000m 等高线以西、以南	砂砾土,软土

水泥混凝土面层最大温度梯度标准值　　　　　　表 3-21

公路自然区划	Ⅱ、Ⅴ	Ⅲ	Ⅳ、Ⅵ	Ⅶ
最大温度梯度(℃/m)	83~88	90~95	86~92	93~98

注:海拔高时取高值;湿度大时取低值。

(2)在旧路面或未罩面老路上加铺水泥混凝土路面时,还应对旧路况进行调查,调查内容包括:外观评估、开挖测试坑、现场承载板试验。

(3)外观评估应包括对道路表面的损坏进行判别,确定路面损坏模式,为进一步检测提供依据。

(4)通过对具有代表性的路段开挖测试坑,获得旧路各结构层厚度、性状(如开裂程度、水泥稳定层的水泥黏结度)以及路基干湿类型等详细信息,判断破坏旧路面的可利用程度。

(5)路基顶面的复合模量可通过现场承载板试验确定,以作为结构设计的依据。现场承载板试验宜选在一年的最不利季节进行,如在非最不利季节进行试验,可按当地经验或参照规范要求进行合理的折减,测点位置宜与测试坑位置相同或在测试坑附近。有关路基回弹模量测试方法可参考相关的规范。

3.5.2 交通量调查

交通量调查的目的在于为路面结构设计和材料设计提供依据。调查内容包括交通量、轴载组成等。交通量及控制道路破坏的重载轴载应结合当地地材、道路线型及资源分布来确定。对施工过程中难以封闭交通的道路应以交通量调查结果为依据,制定合理的交通组织方案,妥善安排道路的施工与运营。

3.5.2.1 云南省交通状况

截至2017年底,云南省公路运输线路总里程达到242530km,其中等级公路为195462km,等外公路为47068km。各等级道路的建设情况如表3-22和图3-43所示。

2017年末云南省各等级公路里程(km)   表3-22

高速公路	一级公路	二级公路	三级公路	四级公路	等外公路	总里程
5022	1354	11941	8631	168514	47068	242530

由表3-22可知,四级公路和等外公路是云南省农村公路的主要组成部分。由图3-43可以看到,四级公路和等外公路在云南省公路组成中占据很大的比例,其中四级公路的比例高达69.5%,而等外公路的比例也达到19.4%。这也从侧面说明了云南省目前大部分的公路等级仍较低,农村公路占据很大的比例。

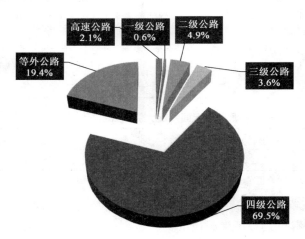

图3-43 2017年末云南省各等级公路里程比例

3.5.2.2 农村公路交通组成与交通量

为了得到云南省农村公路交通组成与交通量的信息,对墨江县的孟弄公路段、澜沧县的东河公路段、思茅县的倚永公路段和瑞丽市的南京里至等扎公路段的交通量进行调查统计,统计结果如表3-23、图3-44~图3-47所示。

云南省部分农村公路交通量(次/昼夜)

表 3-23

路段名称	小货车	中货车	大货车	特大型货车	小客车	大中型客车	拖挂车	集装箱车	小型拖拉机	大中型拖拉机	摩托车
孟弄公路	40	55	12	0	10	0	0	0	60	0	65
东河公路	11	10	6	0	11	0	0	0	21	0	22
倚永公路	9	14	12	0	18	0	0	0	25	0	30
南京里至等扎公路	43	35	0	0	43	0	0	0	31	9	195

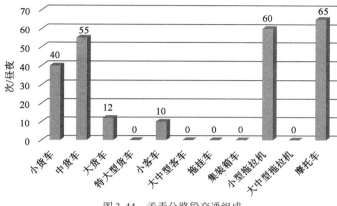

图 3-44 孟弄公路段交通组成

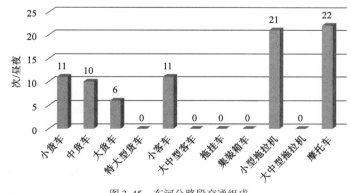

图 3-45 东河公路段交通组成

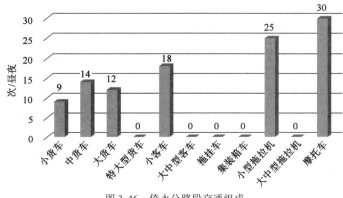

图 3-46 倚永公路段交通组成

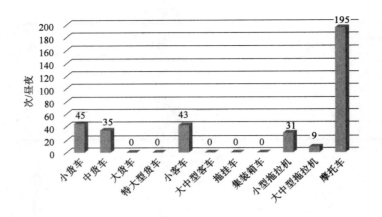

图 3-47 南京里至等扎公路段交通组成

由统计结果可知,在分类的 11 种交通车辆中,选取调查的 4 条公路均没有特大型货车、大中型客车、拖挂车以及集装箱车的通车记录。在 1d 时间里,4 条被调查的公路交通量最大的车型是摩托车。云南省农村公路各类交通车辆的组成比例如图 3-48 所示。

由图 3-48 可知,云南省农村公路的交通类型主要由摩托车、中大型拖拉机、小型拖拉机、小客车、大货车、中货车以及小货车组成。其中,摩托车所占的比例最大,达到 42%,其次是小型拖拉机,其比例为 16%,再其次是中货车、小货车、小客车,而中大型拖拉机和大货车所占比例非常小。

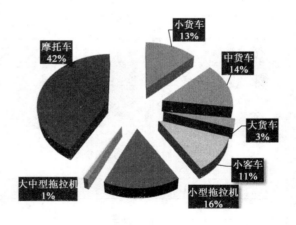

图 3-48 四条农村公路交通组成及比例

3.5.2.3 农村公路标准轴载累计作用次数换算

交通荷载的作用在很大程度上影响到路面的使用寿命。因此必须对当地农村公路的交通状况进行调查,经过调查确定交通量的年平均增长率和标准轴载累计作用次数等交通参数,从而为农村公路水泥混凝土路面结构设计提供依据。

不同类型的交通车辆对路面的损坏程度不同,路面设计中需要将不同车辆的轴载换算成标准轴载,将不同车辆的轴载作用次数换算成标准轴载作用次数。目前我国水泥混凝土路面是按照路面损坏等效原则进行标准轴载的换算。标准轴载按照《公路水泥混凝土路面设计规范》(JTG D40—2011)的说明取为100kN 的单轴双轮组荷载。实际上,交通车辆类型中对路面结构受力影响较大的有中型货汽车、大型货汽车、大型客车、载货拖挂车、大中型拖拉机这五种交通车辆,而其他类型的交通车辆对路面结构损坏作用非常有限,可以忽略不计,因此在设计过程中只考虑这 5 种对路面结构影响较大的交通车辆。表 3-24 给出了云南省农村公路行驶的中货车、大货车以及中大型拖拉机代表车型的参数。

云南省农村公路代表车型的参数 表 3-24

交通车型	代表车型	位置	轴重(kN)	轴数	轴轮组数
中货车	T6538	前轴	29.3	1	1
		后轴	48.0	1	2
大货车	QD352	前轴	49.8	1	1
		后轴	95.8	1	2
大型拖拉机	CA10B	前轴	36.6	1	1
		后轴	60.9	1	2

标准轴载的换算根据《公路水泥混凝土路面设计规范》(JTG D40—2011)的说明按照式(3-23)计算得到。

由于农村公路主要以四级公路和等外公路为主,公路等级较低,根据《公路水泥混凝土路面设计规范》(JTG D40—2011)的条例说明,设计基准期取为 10 年。此外,农村公路的交通量年平均增长率在 5%～8%之间,设计时取交通量年平均增长率为 6%。对于二级及二级以下的公路,当行车道宽小于 7m 时,轮迹横向分布系数在 0.54～0.62 之间,云南省农村公路的行车道宽在 4.0～6.5m 之间,因此取车辆轮迹横向分布系数为 0.58。设计基准期内农村公路水泥混凝土路面的标准轴载累计作用次数 N_e 根据《公路水泥混凝土路面设计规范》(JTG D40—2011)的说明按式(3-25)计算得到。4 条被调研的公路段在设计基准期内标准轴载的累计作用次数如表 3-25 和图 3-49 所示。

4 条被调研农村公路的标准轴载累计作用次数 表 3-25

公路段	标准轴载累积作用次数
孟弄公路	16855
东河公路	8427
倚永公路	16854
南京里至等扎公路	4654

《公路水泥混凝土路面设计规范》(JTG D40—2011)根据设计基准期内公路的标准轴载累计作用次数的大小将公路交通荷载划分为 5 个等级,具体如表 3-4 所示。根据表 3-25 的计算

结果可知,被调研的四条农村公路设计基准期内公路所承受的标准轴载累计作用次数均小于30000次,属于轻交通荷载等级公路。因此,对于云南省设计基准期为10年的农村公路,可以按照轻交通荷载等级道路进行设计。

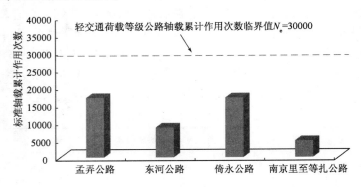

图3-49 四个路段标准轴载累计作用次数

3.5.3 材料要求

3.5.3.1 基层材料

农村公路水泥混凝土路面用基层材料应满足《公路水泥混凝土路面设计规范》(JTG D40—2011)对路面基层材料的要求。

3.5.3.2 面层材料

鉴于云南省的农村公路基本属于轻交通荷载等级道路,根据《公路水泥混凝土路面设计规范》的条例说明,对于新建的水泥混凝土路面,确定水泥混凝土的弯拉强度标准值最小值为4.5MPa。水泥混凝土原材料的技术要求如下:

1)水泥

农村公路水泥混凝土路面用水泥一般采用普通水泥或矿渣硅酸盐水泥,需提前开放交通的路面宜采用早强型水泥,在夏季高温期施工则宜采用普通型水泥。

每批水泥进场时应附有化学成分、物理及力学指标的检验合格证明,具体技术指标应满足《公路水泥混凝土路面施工技术细则》(JTG/T F30—2014)中对轻、中交通等级水泥混凝土路面用水泥的相关要求。

2)粗集料

①粗集料应使用质地坚硬、耐久、洁净的碎石。

②粗集料最大颗粒尺寸不能超过路面板厚的1/4～1/3,应按最大公称粒径的不同采用2～4个粒级的集料进行掺配。

③面层混凝土也可使用Ⅲ级粗集料或再生粗集料,但相关指标应满足《公路水泥混凝土路面施工技术细则》(JTG/T F30—2014)中规定的质量标准。

3)细集料

①细集料应采用质地坚硬、耐久、洁净的天然砂或机制砂,且宜为中砂。

②天然砂的细度模数宜在2.0～3.7之间,机制砂的细度模数宜在2.0～3.1之间,同一配

合比用砂的细度模数变化范围不应超过 0.3。

③面层混凝土也可使用Ⅲ级天然砂或Ⅲ级机制砂,但是相关指标应满足《公路水泥混凝土路面施工技术细则》(JTG/T F30—2014)中规定的质量标准。

4)掺和料

①面层水泥混凝土可视实际情况掺用粉煤灰、矿渣、硅灰等掺合料。

②各种掺合料在使用前应进行混凝土配合比试配检验和掺量优化试验,以确保水泥混凝土的性能指标满足《公路水泥混凝土路面施工技术细则》(JTG/T F30—2014)的中、轻交通路面的弯拉强度、工作性、抗磨性等设计要求。

③为了避免严重降低混凝土的早期强度、抗裂性、耐磨性等性能,使用道路硅酸盐水泥和普通硅酸盐水泥,可在混凝土中掺入适量粉煤灰,且粉煤灰质量不应低于Ⅱ级粉煤灰的要求,使用其他类型水泥时不应再掺粉煤灰。使用矿渣硅酸盐水泥时不得再掺用矿渣。

④硅灰可作为面层混凝土的促凝、早强成分使用,但在高温期施工时不宜掺用硅灰。

⑤掺合料质量应满足《公路水泥混凝土路面施工技术细则》(JTG/T F30—2014)的相关质量标准。

5)拌和水

拌和水的相关指标应满足《公路水泥混凝土路面施工技术细则》(JTG/T F30—2014)中规定的质量标准。

6)外加剂

农村公路水泥混凝土路面用外加剂应满足《公路水泥混凝土路面施工技术细则》(JTG/T F30—2014)中规定的质量标准。

3.5.4 路面板结构分析

3.5.4.1 疲劳极限确定

虽然目前关于路面板疲劳损坏的研究已经取得很多实用性较强的成果,但是至今还没有温度梯度和交通荷载耦合作用下小尺寸路面板疲劳损坏的研究。为了确保小尺寸路面板在使用寿命期内正常服役,本文采用波特兰水泥协会建议的较为保守的疲劳方程来考虑小尺寸路面板的疲劳损坏。波特兰水泥协会的疲劳试验是在小梁试件上三点重复加载,将疲劳破坏时重复作用次数的对数值($\lg N_f$)与应力比(σ/S_c)绘于图上。表达式如下:

$$\begin{cases} \dfrac{\sigma}{S_C} > 0.55, \lg N_f = 11.737 - 12.077 \dfrac{\sigma}{S_C} \\ 0.45 \leqslant \dfrac{\sigma}{S_C} \leqslant 0.55, \lg N_f = \left(\dfrac{4.2577}{\sigma/S_C - 0.4325}\right)^{3.268} \\ \dfrac{\sigma}{S_C} < 0.45, \lg N_f = 17.61 - 17.61\left(\dfrac{\sigma}{S_C}\right) \end{cases} \quad (3\text{-}83)$$

式中:σ——小梁弯拉应力;

S_C——混凝土 28d 弯拉强度;

N_f——荷载允许重复作用次数。

根据式(3-83)可以得到水泥混凝土路面板应力比与荷载重复作用允许次数的关系如图 3-50 所示。可以看到,在半对数坐标下,破坏时荷载重复作用次数随着荷载应力/强度比(σ/S_c)的减小而增加,水泥混凝土路面板在曲线右上方将发生疲劳破坏,而在曲线左下方是安全的,且当荷载应力/强度比小于 0.45 时,混凝土路面板荷载重复作用允许次数可趋于无穷,即不会发生疲劳破坏。

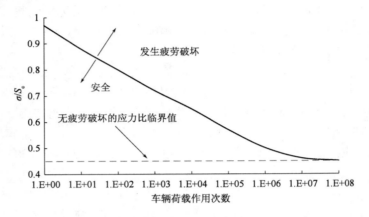

图 3-50　混凝土路面板荷载重复作用允许次数与应力比关系

农村公路一般为轻交通荷载等级道路,服役期内标准轴载累计作用次数不大于 3 万次,确定荷载允许重复作用次数 N_f = 3 万次,则由式(3-83)计算得到 σ/S_c = 0.60,取混凝土的弯拉强度度为 4.5MPa,由此得到路面板的疲劳极限为 2.7MPa。

3.5.4.2　温度与交通荷载耦合下路面板有限元建模

采用弹性地基板理论来分析水泥混凝土路面板的应力。弹性地基板理论把实际的水泥混凝土路面板简化成支承在弹性地基上的小挠度弹性板。目前常用的地基计算模型有温克勒地基模型、弹性固体地基模型和 Pasternak 地基模型。虽然温克勒地基模型计算精度不如其他两种模型,但是其计算量相对较小,且其计算精度能满足工程需要,因此采用温克勒地基模型。该模型将水泥混凝土面层以下的地基简化成许多紧密排列的弹簧单元(图 3-51),其主要特点是单元每个节点力仅与该节点的挠度有关,而与其他节点的挠度无关。

3.5.4.3　水泥混凝土面层模型

由于路面板形状比较规则,路面板建模计算采用的是 ABAQUS 软件中的 C3D20 单元。C3D20 单元是一种 20 个结点的六面体等参单元,如图 3-51 所示。C3D20 单元可以较好地反映板的弯曲作用,即使在厚度方向只取一层单元进行计算,结果的精度也比较高,C3D20 单元的形函数表达式如下:

$$\begin{cases} N_i = 1/8(1+\xi_0)(1+\eta_0)(1+\zeta_0)(\xi_0+\eta_0+\zeta_0-2), (i=1,2,3,4,5,6,7,8) \\ N_i = 1/4(1-\xi^2)(1+\eta_0)(1+\zeta_0), (i=9,10,11,12) \\ N_i = 1/4(1-\eta^2)(1+\xi_0)(1+\zeta_0), (i=13,14,15,16) \\ N_i = 1/4(1-\zeta^2)(1+\eta_0)(1+\xi_0), (i=17,18,19,20) \end{cases} \quad (3\text{-}84)$$

式中,$\xi_0 = \xi_i\xi, \eta_0 = \eta_i\eta, \zeta_0 = \zeta_i\zeta$。

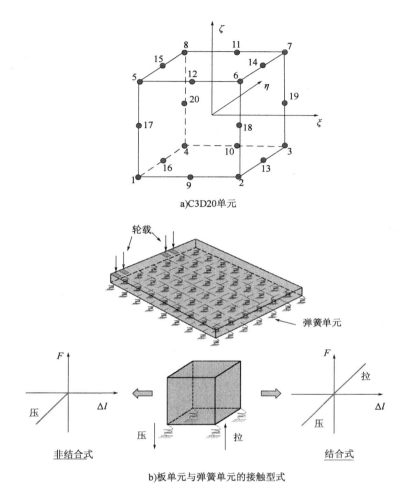

图 3-51 水泥混凝土面层有限元模型

3.5.4.4 路基模型

面层以下的基层和路基采用 SPRING1 弹簧单元进行模拟。SPRING1 弹簧单元的一端与面层板单元底部的角结点连接,另一端固定约束不动。SPRING1 弹簧单元在分析过程中视板与地基的接触情况,可以将其荷载与变形关系设置为线性或非线性。对于非结合式路面,即板底与地基未胶结在一起,混凝土板在温湿度梯度作用下可以自由变形,此时的弹簧单元在压缩阶段承受的荷载与其变形呈线性关系,而在弹簧单元的拉伸阶段,弹簧单元只有变形而不承受荷载,以反映路面板与路基发生脱离的特征;对于结合式路面,即板底与地基胶结在一起,在温湿度梯度作用下,板的变形受到地基的限制作用,二者协同变形,此时弹簧单元在压缩和拉伸阶段的荷载与变形呈线性相关。上述特征具体示意如图 3-51 所示。弹簧单元的弹性系数采用地基反应模量来表征路基的力学性质。

3.5.4.5 交通荷载

交通荷载是引起路面破坏的最主要因素。虽然交通荷载种类繁多,但是在设计时不考虑

2轴4轮的货车和客车(包括摩托车、轿车和2轴4轮整车)的影响,因为这些类型车辆在路面使用寿命期间对路面的损伤可以忽略不计。实际上交通车辆的流量、轴载以及行驶位置随机变化,为了方便混凝土路面的设计,很多国家设计规范根据Miner准则将不同的轴载换算为标准轴载。计算时取单轴双轮100kN标准轴载作为计算交通荷载。典型的公路货车整车车型的轴轮距如表3-26所示。

我国常见的整车车型的轴轮距　　　表3-26

车型	轴型	平均轴距(mm)	平均轮距(mm)
整车	1-2	4862	1971/1830
	1-1-2	1811/5331	1967/1967/1837
	1-2-2	3987/1377	2020/1836/1836
	1-1-2-2	1791/4216/1361	1989/1989/1838/1838

可以看到,当前我国单轮组的平均轮距要大于双轮组的平均轮距,且单轴双轮组整车的轮组中心距一般为1795~1855mm,因此在计算中取100kN标准轴载的轮组中心距为1800mm。一般情况下,车轮的胎压为0.5~0.70MPa,计算时取车轮与路面板的接触压强等于胎压,即为0.7MPa。需要注意的是,特殊运煤/运建筑材料等重载车为主的公路,其轮胎接地压强可达0.8~1.1MPa,相应的接地面积需要适当地增加。

轮胎的接地范围大致由一个矩形和两个半圆形组成,如图3-52所示。为了方便有限元模型施加交通荷载,将实际的轮胎接地面转换成矩形接地面,假设两者的接触面积及接触宽度相等,由换算方程(式(3-85))得到矩形接触区域的长宽之比约为1.46,根据轴载和轮胎的接触压强得到矩形接触面尺寸为250mm×170mm。

$$(1.67L - L) \times L + \pi \times (0.5L)^2 = x \cdot L \tag{3-85}$$

水泥混凝土面层承受的交通荷载在有限元计算过程中,根据图3-52中标准轴载作用方式,采用命令DSLOAD施加表面的分布荷载来模拟。

3.5.4.6　交通荷载与温度梯度不利组合

当路面板内形成温度梯度时,路面板将出现不同程度的伸缩与翘曲变形,但是由于路面板的变形受到自身重量、路基的约束以及相邻板块的限制,路面板将产生温度翘曲应力。在正温度梯度作用下,顶部温度高于底部温度,顶部趋向伸长而底部趋向缩短,形成向下翘曲,板顶产生压应力,板底产生拉应力;在负温度梯度作用下,板顶面的温度低于板底面,板顶部趋向缩短而底部趋向伸长,形成向上的翘曲,板顶产生拉应力,板底产生压应力(图3-53)。当路面板的板中最大拉应力超过其抗拉强度时,路面板将发生损坏。工程经验表明,温度梯度和交通荷载的耦合作用是造成路面损坏的主要原因。因此,在路面板应力计算时必须考虑温度梯度的影响。温度梯度作用通过子程序UTEMP来模拟施加,可定义线性温度梯度或非线性温度梯度。

具有正负温度梯度的混凝土板在荷载耦合作用下的最不利荷载位置不同。大量的常规尺寸路面板有限元计算结果表明,正温度梯度和作用于纵向边缘中部的荷载为最不利受力组合

(图3-54a)),这也是我国混凝土路面设计规范取上述组合的原因。但在负温度梯度情况下,作用于板角的荷载成为最不利荷载(图3-54b))。

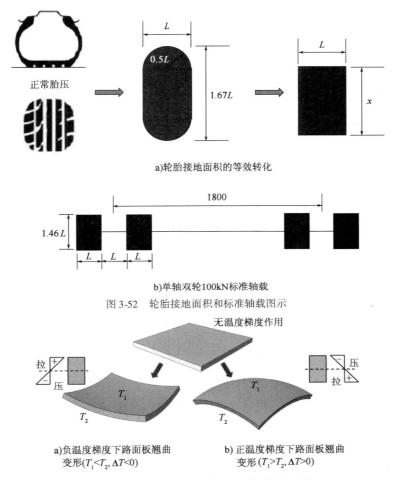

a)轮胎接地面积的等效转化

b)单轴双轮100kN标准轴载

图3-52 轮胎接地面积和标准轴载图示

a)负温度梯度下路面板翘曲变形($T_1<T_2, \Delta T<0$)

b)正温度梯度下路面板翘曲变形($T_1>T_2, \Delta T>0$)

图3-53 正负温度梯度下混凝土路面板的翘曲变形

板尺寸对最不利荷载位置的影响也较大。当板尺寸较大时,标准轴载可完全布置于板中,此时为轴载作用,但板尺寸较小时,标准轴载不能完全布置于单块板中,此时为轮载作用。因此,本书将只承受轮载作用的板称为小尺寸板。由于板尺寸的不同,即使在相同轴载及温度梯度作用下,也会在板内产生不同大小的应力,这是进行板尺寸优化设计的基础。

在相同的交通荷载和温度梯度作用下,板中应力受路面板的平面尺寸和厚度的影响较大。而我国现行混凝土路面设计规范是主要针对常规尺寸路面板(板长为4.5~5.5m,板宽为3.5~4.5m)的设计。规范中荷载应力计算公式由大量常规尺寸路面板的有限元计算结果回归分析得到。一方面,常规尺寸路面板承受轴载作用,小尺寸路面板主要承受轮载作用,二者受力情况存在差异;另一方面,二者的几何尺寸差别较大,由温度梯度引起路面板的翘曲应力对各自综合应力的贡献并不相同。现行设计规范对于小尺寸混凝土路面的适用性还有待研究,因此本节采用有限元方法来计算不同尺寸路面板的行为响应。

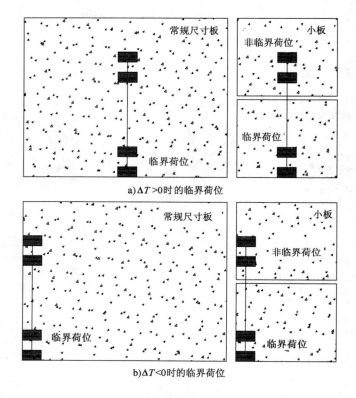

图 3-54 温度梯度与交通荷载在不同尺寸板中的不利组合

3.5.4.7 路面板应力分析参数选取

路面结构有限元分析所需的参数包括混凝土的弹性模量、泊松比、线膨胀系数、路面板尺寸、路面板厚、地基反应模量、交通轴载以及温度梯度,采用的计算参数如表 3-27 所示。由于轮组间距的限制,表中除了 2.5m×2.5m 和 4.5m×4.5m 的板承受轴载作用外,其他尺寸板均承受轮载作用,板厚的取值范围为 10~20cm。

水泥混凝土路面板尺寸优化有限元分析计算参数　　　　　　表 3-27

计 算 参 数	取　值
弹性模量(GPa)	24.8
泊松比	0.15
线膨胀系数(m/m/℃)	10×10^{-6}
板尺寸(m×m)	0.5×0.5、1.0×1.0、1.5×1.5、2.0×2.0、2.5×2.5、4.5×4.5
板厚(cm)	10、12、14、16、18、20
地基反应模量(MPa/m)	40、80、120、160
交通轴载(kN)	100
温差(℃)	0、±5、±10、±15

3.5.4.8 路面板应力影响因素分析

1) 板厚对板中最大拉应力影响

图3-55分别为不同结构尺寸路面板在±15℃的板温差与各自不利交通荷载组合下的最大拉应力计算值,其中地基反应模量为80MPa/m。弯拉强度和疲劳极限也在图中标示以比较各因素的影响。其中弯拉强度取为4.5MPa,疲劳极限取为2.7MPa,此时的应力/强度比为0.60。结果表明,板厚对板中最大拉应力影响较大。对于温度梯度与交通荷载的两种不利组合,随着路面板厚的增大,板中最大拉应力均逐渐减小。

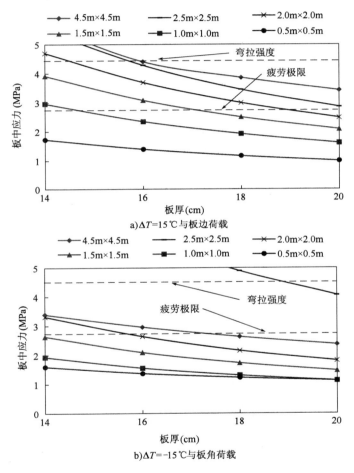

图3-55 温度梯度与荷载耦合作用下的板中最大拉应力

2) 板平面尺寸对板中最大拉应力影响

图3-55表明,相比于板厚,板尺寸对板中最大拉应力的影响更大。同样对于两种不利组合,随着板尺寸减小,板中最大拉应力均逐渐减小。另一方面,正温度梯度和板边荷载为多数板的最不利组合,由图3-55a)可以看出,多数板的板中最大拉应力大于疲劳极限。而对于负温度梯度(图3-55b)),当板厚为14~20cm时,多数板的板中最大拉应力小于疲劳极限。

基于图 3-55 的计算结果可知，可以通过减小板的尺寸来将板中最大拉应力减小至疲劳极限以下，而通过增加厚度来减小板中最大拉应力的效果较为有限。这可以从 4.5m×4.5m 和 2.5m×2.5m 尺寸的路面板应力情况看出，在板厚为 14~18cm 的范围内，二者板中最大拉应力皆大于疲劳极限。但当板尺寸降低为 2.0m×2.0m 及以下时，板中最大拉应力在大多数板厚情况下低于疲劳极限，特别是 1.0m×1.0m 和 0.5m×0.5m 尺寸的板，板中最大拉应力在上述的厚度范围内始终低于疲劳极限。

分析其原因，荷载应力和温度翘曲应力均随着板尺寸的减小而减小，因此板中应力逐渐减小。图 3-56 为不同尺寸路面板翘曲变形和板中应力计算结果，在同样温度梯度下，4.5m×4.5m×20cm 路面板的翘曲可达到 2.0m×2.0m×20cm 路面板翘曲的 5 倍，在相同的荷载和温度耦合作用下，4.5m×4.5m×20cm 路面板的最大拉应力约为 2.0m×2.0m×20cm 路面板最大拉应力的 2 倍。

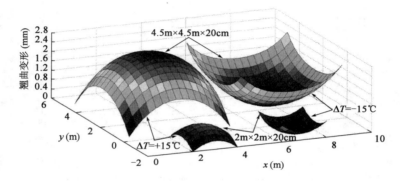

a) 板尺寸对翘曲变形的影响

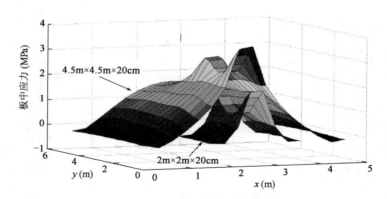

b) 板尺寸对板中应力的影响

图 3-56　板尺寸对路面板应力及翘曲变形的影响

另一方面，2.5m×2.5m 与 4.5m×4.5m 路面板均承受轴载作用而其他尺寸路面板承受轮载作用，且由于标准轴载两侧的轮载均作用于 2.5m×2.5m 路面板的板角区域，两侧的板角轮载在板中产生的应力相互叠加，使得 2.5m×2.5m 路面板在负温度梯度下的板中最大拉应力要大于 4.5m×4.5m 路面板的板中最大拉应力。因此本文取小尺寸路面板的临界板尺寸为

2.0m×2.0m。

3）地基反应模量对板中最大拉应力影响

为了研究地基反应模量对板中最大拉应力的影响，选取 4.5m×4.5m×20cm 和 1.0m×1.0m×20cm 路面板在温度梯度和荷载耦合作用及仅有荷载作用两种情况下的板中最大拉应力进行分析计算，其中荷载为 100kN 标准轴载，温度差为 ±15℃，计算结果如图 3-57 所示。由图 3-57 可以看到，在较大的温度梯度（温差为 ±15℃）与荷载耦合作用下，地基反应模量对板中最大拉应力几乎没有影响。其原因在于温度梯度会导致板底发生脱空，如正温度梯度导致板中部脱空，而负温度梯度导致板角脱空，当脱空足够大时，荷载耦合作用下路面板产生的挠度不足以保证路面板与路基接触，此时路基对板中应力的影响较小。并可以推知，随着温度梯度的减小，地基反应模量的影响会逐步增大。

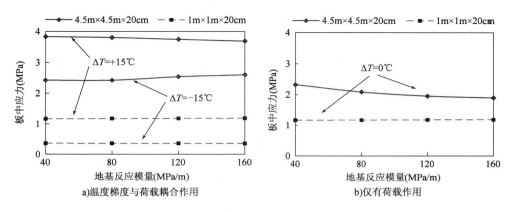

图 3-57 不同路基下路面板的板中最大拉应力

对于仅有荷载作用的情况，4.5m×4.5m×20cm 路面板的板中最大拉应力随地基反应模量增大而略微减小；但地基反应模量对 1.0m×1.0m×20cm 路面板的板中最大拉应力影响不大。分析其原因，当温度梯度为零时，路面板没有翘曲变形，路面板与路基完全接触，在荷载作用下，两种尺寸路面板的板底反力分布不同，由于 4.5m×4.5m×20cm 路面板相对较柔，随着地基反应模量的增大，板底反力分布更趋于集中在荷载作用的局部范围内，因此板中最大拉应力减小。而 1.0m×1.0m×20cm 路面板因板尺寸较小而具有较大的相对刚度，由于地基反应模量的变化对改变板底反力分布的作用非常小，因此板中最大拉应力基本不随着地基反应模量的变化而发生改变。

3.5.5 板块尺寸优化

对于不同的温度梯度和荷载组合，不同尺寸的小尺寸路面板存在临界板厚，使得所有的小尺寸路面板不因板中最大拉应力超过疲劳极限而发生疲劳破坏。图 3-58 给出不同温度梯度和荷载组合下路面板尺寸的优化结果，当 $|\Delta T|\leq 15℃$ 时，小尺寸路面板的临界板厚可以减小至 20cm 以下，这是对于轻交通荷载量的农村公路进行尺寸优化从而减小路面板厚的基础。其中，小尺寸板在正温度梯度 $\Delta T=15℃$ 和板边荷载耦合作用下，临界板厚约为 19cm；而对于负温度梯度 $\Delta T=-15℃$ 和板角荷载耦合作用，小尺寸板的临界板厚可以减小至 16cm。小尺寸板厚随着板尺寸的减小而减小，且对于同一尺寸的路面板（0.5m×0.5m 除外），正

温度梯度下的临界板厚较大,但是温度梯度的变化对小尺寸路面板的结构尺寸影响不大。由上述计算可知,不同地区的气候条件各不相同,需要根据当地的气候条件来选取路面板的板尺寸和板厚。基于图3-58的优化结果,下面给出推荐的4种路面板尺寸及厚度,可以根据当地的地基宽度进行合理选择(需要注意的是,小板的尺寸和厚度设计远不止这4种形式):

(1) $0.5m \times 0.5m \times 11cm$;
(2) $1.0m \times 1.0m \times 15cm$;
(3) $1.5m \times 1.5m \times 18cm$;
(4) $2.0m \times 2.0m \times 19cm$。

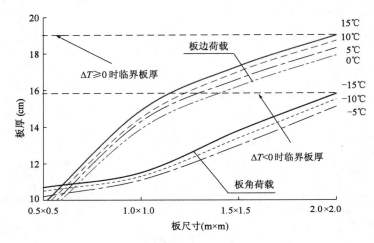

图3-58 温度梯度与轮载不利组合下路面板尺寸与厚度优化

针对板尺寸而非板厚来优化路面板结构的可行性在广东省的实体工程中得到了验证,且工程案例表明,该优化方法具有良好的环境适应性、可操作性、及显著的经济效益。此外,韩瑞民和王秉刚也通过有限元计算证明农村公路薄层水泥混凝土路面板的平面尺寸对板底最大拉应力有明显影响,对于板厚为10cm的农村公路薄层水泥混凝土路面板,其平面尺寸不宜大于$1.8m \times 1.8m$,且基于荷载疲劳应力方法确定路面板的平面尺寸与试验路观测分析的结果基本一致。

第4章 农村公路水泥混凝土路面原材料与配合比设计

4.1 路面混凝土技术要求

路面水泥混凝土配合比设计是根据路面结构的强度、耐久性和工作性等指标要求,遵循经济合理的基本原则来选原材料,通过计算、试配和调整,确定单位体积混凝土中各原材料用量的过程。路面混凝土的服役环境不同于一般房建混凝土,路面混凝土投入使用后将长期直接暴露于自然环境中,受环境温湿度的影响较大。此外,路面混凝土还需承受交通车辆荷载的疲劳、冲击和摩擦等作用,要求路面在强度和耐久性等方面具备良好的路用性能。新拌路面混凝土还应具备良好的施工工作性,以确保路面结构的建设质量。

4.1.1 工作性

水泥混凝土的工作性又称为和易性,是水泥混凝土拌合物最重要的性能之一,主要体现在流动性、可塑性、稳定性和易密性四方面。路面混凝土良好的工作性,可在搅拌、运输、摊铺、振捣和抹面等施工过程中减少出现分层、离析和泌水等问题,保证水泥混凝土能够均匀密实地填充模板。水泥混凝土路面的耐久性主要受其工作性的影响,一旦施工工程中路面混凝土出现分层、离析和泌水等问题,成型后的路面结构很容易发生剥落、分层和孔洞等病害,严重削弱其耐久性。因此,不同于其他结构混凝土,路面混凝土需要重点关注其离析和泌水性质。为了满足路面结构摊铺机械的工作要求,新拌路用混凝土的坍落度需进行控制,以确保其与路面施工机具的施工性能相匹配。混凝土的工作性一般可采用坍落度测定仪或维勃稠度仪来测试。对于普通混凝土,在直观评价其黏聚性和保水性的基础上,可采用坍落度测定仪测试其工作性,而对于坍落度较小的干硬性混凝土,可以采用维勃稠度仪测试其工作性。

4.1.2 强度

水泥混凝土路面在交通车辆荷载和环境温湿度梯度作用下发生的弯曲疲劳断裂是其最主要的破坏模式,因此在水泥混凝土路面结构设计、施工和质量检测时一般采用混凝土的弯拉强度作为关键控制指标。混凝土弯拉强度的测试龄期一般为28d,当水泥混凝土路面浇筑后长时间不开放交通时,可以采用90d龄期的弯拉强度作为控制指标。我国水泥混凝土路面设计规范给出不同交通荷载等级下水泥混凝土的弯拉强度标准值,具体如表4-1所示。农村公路水泥混凝土路面一般可选用中等、轻交通荷载等级所对应的弯拉强度标准值。此外,水泥混凝土的弹性模量是路面结构受力分析的重要输入参数,其经验参考值如表4-2所示。由于水泥混凝土路面通常在低于其静载极限强度时就会发生疲劳破坏,因此,路面混凝土也需具备良好的抗疲劳性能。

水泥混凝土弯拉强度标准值　　　　　表 4-1

交通荷载等级	极重、特重、重	中等	轻
普通路面混凝土（MPa）	5.0	4.5	4.0
钢纤维路面混凝土（MPa）	6.0	5.5	5.0

路面混凝土弯拉弹性模量经验参考值　　　　　表 4-2

弯拉强度（MPa）	1.0	1.5	2.0	2.5	3.0	3.5	4.0	4.5	5.0	5.5
弯拉弹性模量（GPa）	10	15	18	21	23	25	27	29	31	33
抗压强度（MPa）	5.0	7.7	11.0	14.9	19.3	24.2	29.7	35.8	41.8	48.4

4.1.3　耐久性

水泥混凝土的耐久性指的是混凝土在服役寿命期间能够抵抗外界各种劣化作用,长期保持良好的完整性和使用性能,确保混凝土结构的安全和正常使用性能。不同于其他混凝土结构,路面混凝土的服役环境非常恶劣,因此,路面混凝土除了具备良好的工作性和强度外,还需具备良好的耐久性。路面混凝土的耐久性一般通过抗冻性和耐磨性来进行评估。已有的研究表明,路面混凝土的密实性是影响其耐久性能的关键指标,且与混凝土的水灰比密切相关。由于混凝土的耐久性试验周期一般较长,《公路水泥混凝土路面施工技术细则》(JTG/T F30—2014)在已有研究的基础上采用限制最大水灰比和限制最小水泥用量的方法来保证路面混凝土的耐久性,相关的指标要求分别如表 4-3 所示。农村公路路用水泥混凝土的最大水灰(胶)比和最小单位水泥用量一般应符合三、四级公路的相关要求。

各级公路面层水泥混凝土最大水灰（胶）比和最小单位水泥用量　　　　　表 4-3

公　路　等　级		高速公路、一级公路	二级公路	三、四级公路
最大水灰（胶）比		0.44	0.46	0.48
抗冰冻要求最大水灰（胶）比		0.42	0.44	0.46
抗盐冻要求最大水灰（胶）比		0.40	0.42	0.44
最小单位水泥用量（kg/m³）	52.5 级	300	300	290
	42.5 级	310	310	300
	32.5 级	—	—	315
有抗冰（盐）冻时最小单位水泥用量（kg/m³）	52.5 级	310	310	300
	42.5 级	320	320	315
	32.5 级	—	—	325
掺粉煤灰时最小单位水泥用量（kg/m³）	52.5 级	250	250	245
	42.5 级	260	260	255
	32.5 级	—	—	265
有抗冰（盐）冻要求时掺粉煤灰最小单位水泥用量（kg/m³）	52.5 级	265	260	255
	42.5 级	280	270	265

4.2 混凝土原材料技术指标

水泥混凝土通常由水泥、粗集料、细集料和水4部分构成。随着水泥混凝土技术的发展，为兼顾经济、环保、高强及耐久等性能，常掺入减水剂、早强剂和引气剂等外加剂以及粉煤灰、矿渣和硅灰等矿物掺合料。科学合理的配合比设计是保证水泥混凝土性能的关键。本节主要结合《公路水泥混凝土路面施工技术细则》（JTG/T F30—2014）的要求和云南省农村地区的实际情况，介绍新建水泥混凝土路面的材料和配合比设计相关要求和说明。

4.2.1 水泥品种与强度要求

为了防止面层混凝土出现早期开裂及施工过程中难以抹面、平整度差等问题，农村公路水泥混凝土所用水泥的化学成分、物理性能等品质应满足《公路水泥混凝土路面施工技术细则》（JTG/T F30—2014）的中、轻交通路面的相关标准要求，具体如表4-4所示。在水泥混凝土路面施工中每一批进场的水泥应附有化学成分、物理、力学指标合格的检验证明。对于路用混凝土所采用的水泥，需要注意以下的问题：

各交通等级路面所使用水泥的化学成分和物理指标　　　表4-4

水泥性能指标		交通荷载等级	
		极重、特重、重交通荷载等级	中、轻交通荷载等级
化学品质	铝酸三钙（%）≤	7.0	9.0
	铁铝酸四钙（%）≤	15.0~20.0	12.0~20.0
	熟料游离氧化钙含量（%）≤	1.0	1.8
	氧化镁含量（%）≤	5.0	6.0
	三氧化硫（%）≤	3.5	4.0
	碱含量 $Na_2O + 0.658K_2O$（%）≤	0.6	怀疑有碱活性集料时，0.6；无碱活性集料时，1.0
氯离子	氯离子含量（%）≤	0.06	
	混合材种类	不得掺窑灰、煤矸石、火山灰和黏土，有抗盐冻要求时不得掺石灰、石粉	
物理力学品质	出磨时安定性	雷氏夹和蒸煮法检验必须合格	蒸煮法检验必须合格
	标准稠度需水量（%）≤	28	30
	烧失量（%）≤	3.0	5.0
	比表面积（m^2/kg）	300~450	300~450
	细度（80μm筛余）（%）≤	10	10
	初凝时间（h）≤	1.5	0.75
	终凝时间（h）≤	10	10
	28d 干缩率（%）≤	0.09	0.10
	耐磨性（kg/m^2）≤	2.5	3.0

1) 路用水泥品种

在中、轻交通荷载等级路面水泥混凝土配合比设计过程中，一般可使用普通硅酸盐水泥或者矿渣硅酸盐水泥。在施工温度较低(如冬季施工)或者道路需要提前开放交通的情况下，应优先考虑采用早强型水泥。在夏季高温施工中一般采用普通硅酸盐水泥即可。

2) 使用前的混凝土试配检验

农村公路水泥混凝土路面所用水泥的品质必须满足表4-4中、轻交通荷载等级路面的相关规定。此外，需要针对确定的混凝土配合比成型相应试件，测试所配制混凝土的强度、耐久性和工作性能，根据试验结果选择合适的水泥品种、强度等级以及厂家。当路用水泥的品种和来源确定后，一般不宜随意更改变换。

3) 水泥的包装要求和温度控制

当水泥混凝土路面采用机械摊铺施工时，一般选用散装水泥，如果无散装水泥供应，也可选用大袋装水泥，但在施工时需要配备相关的拆包设备，以免影响路面的正常施工。而当采用小型设备或三辊轴机具铺筑混凝土路面时，由于施工速率相对较低，也可选用袋装水泥。

水泥水化反应会放出热量，温度会加剧其反应。一旦反应速率过快，释放的热量可能会导致路面发生温度开裂。因此在路面施工中需要对其加以控制。一般而言，在路面工程中应尽量避免使用放热量过大的水泥。条件允许时，混凝土搅拌时的水泥温度应控制在 10~50℃。在高温季节施工时，应控制混凝土的初凝时间不小于 3h，否则需要采取必要的降温或缓凝措施；在低温季节施工时，应控制混凝土的终凝时间不大于 10h，否则需要采取必要的保温或促凝措施。

4.2.2 矿物掺合料

路用水泥混凝土可根据实际情况掺用粉煤灰、矿渣和硅灰等矿物掺合料，但在使用之前需要通过试验对矿物掺合料的品种和掺量进行试配优化，以确保水泥混凝土的性能指标满足《公路工程水泥混凝土外加剂与掺合料应用技术指南》有关中、轻交通荷载等级路面的弯拉强度、工作性、耐磨性等设计要求。当路用水泥混凝土使用道路硅酸盐水泥或普通硅酸盐水泥时，可掺用适量的粉煤灰，但粉煤灰的质量不应低于表4-5中Ⅱ级粉煤灰的质量要求。粉煤灰的化学活性越高，混凝土后期的弯拉强度越高，粉煤灰对混凝土强度的贡献可以采用粉煤灰的活性指数来表征。当用于配筋混凝土路面或掺用钢纤维混凝土路面，需要注意控制粉煤灰中 Cl^- 和 SO_4^{2-} 的含量，以保证路面结构的抗锈蚀和抗硫酸盐侵蚀要求。此外，粉煤灰的含水率规定主要是为降低因结块给混凝土的拌和性和均匀性带来的不利影响。矿渣和硅灰也是水泥混凝土两种常用的矿物掺合料，对于路用水泥混凝土，矿渣和硅灰应满足《公路水泥混凝土路面施工技术细则》(JTG/T F30—2014)要求的质量标准，具体如表4-6所示。值得注意的是，当路用水泥混凝土使用矿渣硅酸盐水泥时，此时不宜再掺用矿渣。硅灰由于活性较高，具有促凝和早强的功能，因此在高温施工季节不宜在混凝土中掺用硅灰。

粉煤灰分级和质量要求 表 4-5

粉煤灰等级	细度(45μm气流筛,筛余量)	烧失量(%)	需水量(%)	含水率(%)	游离氧化钙含量(%)	SO_3(%)	混合砂浆强度活性指数	
							7d	28d
Ⅰ	≤12.0	≤5.0	≤95.0	≤1.0	<1.0	≤3.0	≥75	≥85(75)
Ⅱ	≤25.0	≤8.0	≤105.0	≤1.0	<1.0	≤3.0	≥70	≥75(62)
Ⅲ	≤45.0	≤15.0	≤115.0	≤1.0	<1.0	≤3.0	—	—

注:不带括号的数值适用于强度等级不小于 C40 的配制混凝土;当配制的混凝土强度等级小于 C40 时,混合砂浆强度活性指数应满足 28d 括号中数值的要求。

矿渣粉、硅灰的质量标准 表 4-6

质量标准		比表面积(m^2/kg)	密度(g/cm^3)	烧失量(%)	流动度比(%)	含水率(%)	氯离子含量(%)	玻璃体含量(%)	游离氧化钙含量(%)	SO_3(%)	混合砂浆强度活性指数(%)	
种类	等级										7d	28d
磨细矿渣粉	S105	≥500	≥2.8	≤3.0	≥95.0	≤1.0	<0.06	≥85.0	<1.0	≤4.0	≥95	≥105
	S95	≥400									≥75	≥95
硅灰		≥15000	≥2.10	≤6.0	—	≤3.0	<0.06	≥90.0	<1.0			≥105

对于路用水泥混凝土,粉煤灰、矿渣和硅灰等矿物掺合料的使用要求如下:

1)粉煤灰的使用要求

(1)水泥混凝土路面宜优先考虑采用散装磨细粉煤灰,进料时应提供符合规范要求的检验报告。粉煤灰的存储要求类似于水泥,对于掺用粉煤灰的混凝土拌和楼,粉煤灰不可与水泥混存,而需额外增设罐仓。

(2)当粉煤灰用于水泥混凝土道路面层或贫混凝土基层时,需要明确所用水泥材料中已掺的矿物掺合料种类和含量。

(3)粉煤灰主要通过其成分 SiO_2 和 Al_2O_3 与水泥水化反应产生的 $Ca(OH)_2$ 或原有的石膏发生二次化学反应来提高混凝土的强度。研究表明,粉煤灰可反应的最大含量仅为纯硅酸盐水泥的 28%。因此,水泥混凝土的粉煤灰存在一个最优掺量,一旦粉煤灰用量超过最优掺量,会使水泥混凝土无法达到其预期的后期强度要求。粉煤灰的掺量与水泥品种有关,一般而言,为了保证路面的抗疲劳、抗冲击和抗磨耗等性能要求,对于硅酸盐水泥,粉煤灰的掺量不应大于 30%,而对于普通水泥,粉煤灰的掺量不应大于 15%。

(4)对于掺用粉煤灰的路用水泥混凝土,其配合比可以采用超量取代法进行计算。超掺的粉煤灰可用于取代混凝土中的细集料,需要相应地减少细集料的用量。

2)矿渣的使用要求

(1)水泥混凝土路面宜优先考虑采用磨细矿渣,进料时需要提供相关的检验报告。磨细矿渣的存储与水泥相同。

(2)磨细矿渣在水泥混凝土路面也存在最优的掺量。一般采用置换率(磨细矿渣掺量与混凝土中水泥及磨细矿渣总量之比)来表征磨细矿渣的掺量。一般而言,路面水泥混凝土中的矿渣置换率不应大于 60%。如果为了改善混凝土的和易性,磨细矿渣的最大置换率不应大于 70%。混凝土中磨细矿渣的最优置换率可以通过试验方法来确定。

(3)掺用矿渣水泥混凝土路面的施工温度不应低于 10℃,浇筑后的覆盖保湿养生时间不应少于21d,且期间应尽量避免混凝土遭受早期干燥或低温寒潮的作用,以减少路面的开裂。此外,在掺用矿渣的水泥混凝土路面硬化过程中,需要避免氯离子和硫酸根离子等侵蚀。

3)硅灰的使用要求

(1)硅灰进料时需要提供相关的检验报告,且硅灰的存储与水泥相同。

(2)对于路用水泥混凝土,硅灰可以等量取代水泥。在配制高强高性能混凝土时,硅灰宜与粉煤灰、磨细矿渣共掺,同时需要注意适当增加减水剂、保塑剂或缓凝剂的用量。

(3)对于掺用硅灰和高效减水剂的水泥混凝土,由于混凝土的用水量大幅降低,混凝土会发生显著的自干燥收缩,在配合比设计时可考虑通过掺膨胀剂等方式加以补偿。

(4)掺用硅灰的路用水泥混凝土的稠度一般较大,为了得到相同的密实度,混凝土的振捣时间需要适当地延长,并缩短路面的振捣间距。同时掺用硅灰的水泥混凝土路面每道施工工序的操作和间隔时间需尽量降低,一旦总施工时间超过1.5h,路面混凝土可能无法达到设计要求的密实度。

(5)一般而言,掺用硅灰的水泥混凝土水胶比较小、发热量大、表面泌水少、自收缩变形大,这容易导致路面结构在初凝前发生塑性开裂,因此必须重视掺用硅灰水泥混凝土路面早期(终凝前)的保湿养生。

4.2.3 粗集料

4.2.3.1 粗集料的质量要求

对于路用水泥混凝土,粗集料在条件允许时应优先使用坚硬、干净和耐久的碎石、卵石或破碎卵石,其技术指标应满足表4-7的相关要求。农村公路水泥混凝土路面的交通荷载等级一般为中等或轻,可以采用满足Ⅲ级要求的粗集料。此外,如果当地缺乏天然粗集料,也考虑使用再生粗集料,且再生粗集料的技术指标应满足表4-8的相关要求。对于中、轻交通荷载等级的农村公路水泥混凝土路面,再生粗集料可单独使用或者与其他天然粗集料掺配使用,但需要通过试验方法来确保其性能满足道路使用的设计要求。一般而言,水泥混凝土路面中粗集料的使用应符合以下的要求:

(1)当水泥混凝土路面服役期间可能遭受冻融或盐冻作用时,再生粗集料的质量标准不应低于Ⅱ级;而对于无冻融和盐冻的水泥混凝土路面,再生粗集料的质量标准可放宽至Ⅲ级。

(2)水泥混凝土抗滑表层会裸露粗集料,因此再生粗集料不得用于抗滑表层混凝土。

(3)如果原始混凝土材料出现碱活性反应,此时不宜采用该类混凝土为原料破碎生产再生粗集料。

碎石、卵石和破碎卵石的技术指标　　　　表4-7

项　目	技术要求		
	Ⅰ级	Ⅱ级	Ⅲ级
碎石压碎指标(%)≤	18.0	25.0	30.0
卵石压碎指标(%)≤	21.0	23.0	26.0
坚固性(按质量损失计%)≤	5.0	8.0	12.0
针片状颗粒含量(按质量计%)≤	8.0	15.0	20.0

续上表

项　　目	技　术　要　求		
	Ⅰ级	Ⅱ级	Ⅲ级
含泥量(按质量计%)≤	0.5	1.0	2.0
泥块含量(按质量计%)≤	0.2	0.5	0.7
吸水率(按质量计%)≤	1.0	2.0	3.0
硫化物及硫酸盐含量(按SO_3质量计)≤	0.5	1.0	1.0
洛杉矶磨耗损失(%)≤	28.0	32.0	35.0
有机物含量(比色法)	合格	合格	合格
岩石抗压强度	火成岩不应小于100MPa;变质岩不应小于80MPa;水成岩不应小于60MPa		
表观密度(kg/m³)≥	≥2500		
松散堆积密度(kg/m³)≥	≥1350		
孔隙率(%)≤	≤47		
磨光值(%)≥	≥35.0		
碱活性反应	不得有碱活性反应或疑似碱活性反应		

注:1. 有冰冻、抗盐冻要求时,应检验粗集料的吸水率。
2. 硫化物及硫酸盐量、碱活性反应、岩石抗压强度在粗集料使用前应至少检验一次。
3. 洛杉矶磨耗损失、磨光值仅在要求制作露石水泥混凝土面层时检验。

再生粗集料的质量标准　　　　表4-8

项　　目	技　术　要　求		
	Ⅰ级	Ⅱ级	Ⅲ级
压碎值(%)≤	21.0	30.0	43.0
坚固性(按质量损失计)(%)≤	5.0	10.0	15.0
针片状颗粒含量(按质量计)(%)≤	10.0	10.0	10.0
微粉含量(按质量计)(%)≤	1.0	2.0	3.0
泥块含量(按质量计)(%)≤	0.5	0.7	1.0
吸水率(按质量计)(%)≤	3.0	5.0	8.0
硫化物及硫酸盐含量(按SO_3质量计)(%)≤	2.0	2.0	2.0
氯化物含量(按氯离子质量计)(%)≤	0.06	0.06	0.06
洛杉矶磨耗损失(%)≤	35	40	45
杂物含量(按质量计)(%)≤	1.0	1.0	1.0
表观密度(kg/m³)≥	2450	2350	2250
孔隙率(%)≤	47	50	53

4.2.3.2 最大粒径与级配要求

粗集料的粒径级配是影响路用水泥混凝土性能的重要因素之一。良好的粗集料粒径级配可以确保粗集料之间形成较强的嵌挤作用,降低粗集料之间的空隙,填充空隙所需的水泥砂浆量减小,因此可以适当地降低混凝土的单位用水量,进而提高路用水泥混凝土的强度、耐久性和抗磨耗性能。对于路用水泥混凝土,其粗集料的粒径级配范围应满足表4-9的规定要求。

粗集料与再生粗集料级配范围   表4-9

级配类型		方筛孔尺寸(mm)						
		2.36	4.75	9.50	16.0	19.0	26.5	31.5	37.5
		累计筛余(以质量计)(%)						
合成级配	4.75~16	95~100	85~100	40~60	0~10	—	—	—	—
	4.75~19	95~100	85~90	60~75	30~45	0~5	0	—	—
	4.75~26.5	95~100	90~100	70~90	50~70	25~40	0~5	0	—
	4.75~31.5	95~100	90~100	75~90	60~75	40~60	20~35	0~5	0
单粒级配	4.75~9.5	95~100	80~100	0~15	0	—	—	—	—
	9.5~16	—	95~100	80~100	0~15	0	—	—	—
	9.5~19	—	95~100	85~100	40~60	0~15	0	—	—
	16~26.5	—	—	95~100	55~70	25~40	0~10	0	—
	16~31.5	—	—	95~100	85~100	55~70	25~40	0~10	0

在配制路用水泥混凝土时,不得使用单粒径级配或者不分级的粗集料,可以根据表4-9的级配范围要求,选择2~4种单粒径级配的粗集料掺配后形成连续级配后使用。此外,对于农村公路水泥混凝土路面,粗集料的最大粒径会随着水泥混凝土面层的类型和粗集料类型的变化而有所差异,应符合表4-10中、轻交通荷载等级路面的相关要求。

各种面层混凝土配合比的不同种类粗集料与再生粗集料公称粒径   表4-10

交通荷载等级		极重、特重、重		中、轻	
面层类型		水泥混凝土	纤维混凝土、配筋混凝土	水泥混凝土	碾压混凝土、砌块混凝土
最大公称粒径	碎石	26.5	16.0	31.5	19.0
	破碎卵石	19.0	16.0	26.5	19.0
	卵石	16.0	9.5	19.0	16.0
	再生粗集料	—	—	26.5	19.0

4.2.4 细集料

4.2.4.1 细集料的品种及质量要求

类似于粗集料,对于路用水泥混凝土,细集料应优先采用坚硬、干净和耐久的天然砂或机制砂,但应避免使用再生集料。对于不同交通荷载状况的水泥混凝土路面,其采用的细集料质量标准会有所差异,天然砂和机制砂的质量标准分别如表4-11和表4-12所示。当农村公路水泥混凝土路面的交通荷载等级为中或轻时,对于天然砂,其质量标准不应低于表4-11的Ⅲ级要求,而对于机制砂,其质量标准不应低于表 4-12 的 Ⅲ 级要求。

天然砂的质量标准　　　　　　　　　　　　　　　　　　　　表 4-11

项　目	技 术 要 求		
	Ⅰ级	Ⅱ级	Ⅲ级
坚固性(按质量损失计)(%)≤	6.0	8.0	10.0
氯离子含量(按质量计)(%)≤	0.02	0.03	0.06
云母含量(按质量计)(%)≤	1.0	1.0	2.0
含泥量(按质量计)(%)≤	1.0	2.0	3.0
泥块含量(按质量计)(%)≤	0	0.5	1.0
海砂中的贝壳类物质含量(按质量计)(%)≤	3.0	5.0	8.0
有机物含量(比色法)	合格		
硫化物及硫酸盐含量(按 SO_3 质量计)(%)≤	0.5		
轻物质含量(按质量计)(%)≤	1.0		
表观密度(kg/m^3)≥	2500		
松散堆积密度(kg/m^3)≥	1400		
空隙率(%)≤	45.0		
碱活性反应	不得有碱活性反应或疑似碱活性反应		
结晶态二氧化硅含量(%)≥	25.0		

机制砂的质量标准　　　　　　　　　　　　　　　　　　　　表 4-12

项　目		技 术 要 求		
		Ⅰ级	Ⅱ级	Ⅲ级
机制砂母岩的抗压强度(MPa)≥		80.0	60.0	30.0
机制砂母岩的磨光值≥		38.0	35.0	30.0
机制砂单粒级最大压碎指标(%)≤		20.0	25.0	30.0
坚固性(按质量损失计)(%)≤		6.0	8.0	10.0
氯离子含量(按质量计)(%)≤		0.01	0.02	0.06
云母含量(按质量计)(%)≤		1.0	2.0	2.0
泥块含量(按质量计)(%)≤		0	0.5	1.0
石粉含量(%)<	MB 值<1.40 或合格	3.0	5.0	7.0
	MB 值≥1.40 或不合格	1.0	3.0	5.0
有机物含量(比色法)		合格		
硫化物及硫酸盐含量(按 SO_3 质量计%)≤		0.5		
吸水率(%)≤		2.0		
轻物质含量(按质量计)(%)≤		1.0		
表观密度(kg/m^3)≥		2500		
松散堆积密度(kg/m^3)≥		1400		
孔隙率(%)≤		45.0		
碱活性反应		不得有碱活性反应或疑似碱活性反应		

此外,当路面水泥混凝土的强度等级高于 C60 时,细集料的质量标准宜符合 Ⅰ 级要求;当混凝土的强度等级介于 C30 和 C60 之间且对抗冻和抗渗要求较高时,细集料宜符合 Ⅱ 级要求;当混凝土的强度等级低于 C30 时,此时细集料的质量标准满足 Ⅲ 级要求即可。对于高速公路、一级公路、二级公路以及可能遭受冻融或盐冻作用的三、四级公路,水泥混凝土使用的细集料质量标准不应低于 Ⅱ 级要求。对于无冻融和盐冻作用的三、四级公路,可以采用 Ⅲ 级细集料来配制水泥混凝土。

4.2.4.2 细集料的级配和细度要求

1) 细度模数和级配

细集料的粒径级配也是影响混凝土性能的重要因素之一。细集料可以与水泥浆体一同填充混凝土粗集料之间的空隙,进而提高混凝土的密实度。对于水泥混凝土路面,根据当地的原材料情况可以选用天然砂或机制砂,二者的粒径级配范围分别如表 4-13 和表 4-14 所示。对于天然砂,细度模数宜介于 2.0~3.7,而对于机制砂,细度模数宜介于 2.3~3.1。

天然砂的推荐级配范围 表 4-13

砂分级	细度模数	方筛孔尺寸(mm)						
		9.5	4.75	2.36	1.18	0.60	0.30	0.15	0.075
		通过各筛孔的质量百分率(以质量计)(%)							
粗砂	3.1~3.7	100	90~100	65~95	35~65	15~30	5~20	0~10	0~5
中砂	2.3~3.0	100	90~100	75~100	50~90	30~60	8~30	0~10	0~5
细砂	1.6~2.2	100	90~100	85~100	75~100	60~84	15~45	0~10	0~5

机制砂的推荐级配范围 表 4-14

机制砂分级	细度模数	方筛孔尺寸(mm)						
		9.5	4.75	2.36	1.18	0.60	0.30	0.15
		通过各筛孔的质量百分率(以质量计)(%)						
Ⅰ级砂	2.3~3.1	100	90~100	80~95	50~85	30~60	10~20	0~10
Ⅱ、Ⅲ级砂	2.8~3.9	100	90~100	50~95	30~65	15~29	5~20	0~10

2) 细度模数和比表面积的关系

现有的研究表明,细集料的细度模数与其比表面积之间存在反比关系,即细度模数越大,细集料越粗,其比表面积越小。采用细度模数指标可以较好地反映细集料的粗细程度和比表面积。

水泥混凝土路面需要承受交通车辆荷载的反复作用,工程经验表明,当水泥混凝土路面服役 1~2 年后,混凝土路面轮迹带的抗滑性能、横向力系数主要取决于细集料的硬度和细度模数。为了提高面层的耐磨性能和强度,路用水泥混凝土宜采用细度模数介于 2.0~3.5 的中砂或中粗砂。如果细集料的细度模数偏小,则路表混凝土的耐磨性能不足,容易引起路面的剥落;细度模数过大,会加剧水泥混凝土的泌水现象,且施工时难以满足平整度的要求。

3) 机制砂的技术要求

当路用水泥混凝土采用机制砂时,除了满足表 4-12 和表 4-14 的相关要求外,还需对机制砂的磨光值进行试验检验。机制砂的磨光值可以表征混凝土抵抗车辆轮胎磨光作用的能力，对于用于水泥混凝土路面的机制砂，其磨光值应大于38。生产机制砂的原材料不宜采用泥岩、页岩等磨耗性能较差的水成岩类母岩。此外，对于采用机制砂的水泥混凝土，需要掺用适量的高效减水剂。

4.2.5 外加剂

水泥混凝土常用的外加剂包括引气剂、减水剂和缓凝剂等。外加剂主要通过物理作用和化学作用来影响水泥混凝土的性能。我国和美国路用水泥混凝土对比总结如表4-15所示。由表4-15可以看到，美国在路用水泥混凝土中采用天然砂，并严格控制细度模数的变异性，最为关键的是美国要求在路用混凝土中必须采用引气剂，并尽可能少用减水剂和缓凝剂，以保证水泥混凝土路面结构的质量。而我国路用水泥混凝土很少使用引气剂，这可能是我国大部分水泥混凝土路面无法维持长期高品质的原因之一。

我国与美国路用水泥混凝土的对比　　　　表4-15

项目	中国	美国
水泥强度(MPa)	高	低
粗集料	碎石	碎石
细集料	天然砂/机制砂	天然砂
允许细度模数变异	0.3	0.2
引气剂	无抗冰冻处可不用	必须用
减水剂	常用	很少用
缓凝剂	常用	很少用

在路用水泥混凝土中掺用引气剂具有诸多好处，比如可降低水泥混凝土的用水量、砂/石比，提高坍落度，改进修面效果，减轻离析和泌水现象，降低干缩变形，提高抗冰冻性和抗剥落性等，进而改善硬化后路面水泥混凝土的品质。因此，在水泥混凝土路面施工过程中，特别对于服役期间会遭受冻融和盐冻作用的路面结构，宜采用引气剂以减少用水量和水泥用量。在路用水泥混凝土搅拌过程中，宜采用显著降低表面张力、气泡量大且气泡稳定时间长的引气剂产品。此外，在路面施工过程中，需要严格控制含气量、气泡直径以及气泡平均间距等指标来控制水泥混凝土内部引气的质量。如果水泥混凝土内部的含气量过高或者气泡的直径过大（如超过0.1mm），将会显著削弱水泥混凝土的强度。因此，需要根据路面工程实际以及混凝土其他原材料的性质，通过试验确定引气剂的合理掺量。一般情况下，引气剂与水泥之间不存在化学不适应问题，但存在掺量不适应问题。引气剂的掺量主要取决于水泥掺量和碱度，粉煤灰、火山灰、窑灰等矿物掺合料的掺量。粉煤灰、火山灰、窑灰等矿物掺合料的掺量越高，达到相同含气量的引气剂用量越大，这是采用矿物掺合料的水泥混凝土需要妥善解决的问题。水泥的碱度越高，达到相同含气量的引气剂用量越小。如果水泥混凝土中除了使用引气剂外，还使用减水剂、缓凝剂等外加剂，需要注意引气剂与其他外加剂是否能够共溶，一旦混凝土发生絮凝现象，需要对外加剂分别进行稀释，然后再掺入水泥混凝土中。

美国一般在水泥混凝土路面工程中很少使用减水剂，其目的在于减小因掺用减水剂而带来的加速泌水、混凝土过于黏稠影响修面等负面效果。然而,由于减水剂可以有效降低水泥混凝土的用水量和水泥用量,进而降低水泥混凝土路面的收缩开裂,减水剂在我国水泥混凝土路面施工中使用非常普遍,但减水剂带来负面的影响值得实际工程慎重权衡考虑,以确定科学合理的混凝土配合比。

4.2.6 拌和水

搅拌混凝土所用的拌和水宜采用饮用水,对于没有饮用水源的水泥混凝土路面工程,也可采用非饮用水作为拌和水,但应检验其水质,确保拌和水满足表4-16的质量要求。此外,还需试验测试采用非饮用水拌和的水泥凝结时间以及水泥胶砂的强度,确保水泥初凝和终凝时间与采用蒸馏水拌和的水泥浆体之差均不超过30min,且3d和28d的强度均不低于采用蒸馏水拌和的水泥胶砂的90%。

拌和用水的质量要求　　　　　　表4-16

项目	钢筋混凝土及钢纤维混凝土	素混凝土
pH 值 ≥	5.0	4.5
不溶物(mg/L) ≤	2000	5000
可溶物(mg/L) ≤	5000	10000
Cl^- 含量(mg/L) ≤	1000	3500
SO_4^{2-} (mg/L) ≤	2000	2700
碱含量(mg/L) ≤	1500	1500
其他杂质	不应有漂浮物的油脂和泡沫;不应有明显的颜色和异味	

4.3 普通路用混凝土配合比设计

配合比设计是保证水泥混凝土路面结构质量的关键环节,需根据工程实际情况选择质量和性能满足相关规范要求的原材料,通过计算和试配确定不同组分的用量,以得到符合路面结构服役性能要求的混凝土材料。普通路用水泥混凝土的配合比设计可分为目标配合比设计阶段和施工配合比设计阶段,其中前者需对混凝土的性能进行全面的试验检验,确定两阶段配合比的允许偏差,而后者需通过搅拌站的状况来确定混凝土相关的拌和参数。

4.3.1 配合比设计要求

除了考虑经济性要求外,普通路用水泥混凝土配合比设计还需满足强度、工作性和耐久性等三方面的技术指标要求,具体如下:

1)路用水泥混凝土的设计弯拉强度

对于农村公路水泥混凝土路面,其28d设计弯拉强度的标准值应满足表4-1中等、轻交通荷载等级的相关规定。

2)路用水泥混凝土的工作性

(1)水泥混凝土的工作性会随着混凝土原材料、路面施工方案等条件的不同而有所差异。

对于采用滑模摊铺的水泥混凝土,当粗集料为碎石时,其坍落度应介于 10～30mm;当粗集料为卵石时,其坍落度应介于 5～20mm,振动黏度系数应介于 200～500N·s/m²。

(2)当路用水泥混凝土采用三辊轴机组或者小型机具施工时,混凝土拌合物的现场坍落度应介于 20～40mm。

(3)当路用水泥混凝土在搅拌站搅拌时,其现场的坍落度应为搅拌楼出料时的坍落度加上运输过程中损失的坍落度。

3)路用水泥混凝土的耐久性

严寒和寒冷地区建设的水泥混凝土路面在服役期间会遭受冻融破坏作用,其抗冻等级要求随着公路等级的提高而提高,具体如表 4-17 所示。农村公路水泥混凝土路面应满足三、四级公路的抗冻要求。此外,在路用水泥混凝土配合比设计中需要掺引气剂,以提高水泥混凝土的抗冻性和工作性,搅拌楼出口拌合物的含气量要求如表 4-18 所示。再有,面层路用水泥混凝土的最大气泡间距应满足表 4-19 的相关规定。农村公路水泥混凝土最大水灰(胶)比和最小单位水泥用量应符合表 4-3 三、四级公路的相关要求。

严寒与寒冷地区面层水泥混凝土的抗冻等级 表 4-17

公路等级		高速、一级		二、三、四级	
试件		基准配合比	现场取芯	基准配合比	现场取芯
抗冻等级 (F)≥	严寒地区	300	250	250	200
	寒冷地区	250	200	200	150

拌和机出口拌合物含气量均值及允许偏差范围(%) 表 4-18

公称最大粒径(mm)	无抗冻要求	有抗冰冻要求	有抗盐冻要求
9.5	4.5±1.0	5.0±0.5	6.0±0.5
16.0	4.0±1.0	4.5±0.5	5.5±0.5
19.0	4.0±1.0	4.0±0.5	5.0±0.5
26.5	3.5±1.0	3.5±0.5	4.5±0.5
31.5	3.5±1.0	3.5±0.5	4.0±0.5

面层水泥混凝土最大气泡间距系数(μm) 表 4-19

环境		公路等级	
		高速、一级	二、三、四级
严寒地区	冰冻	275±25	300±35
	盐冻	225±25	250±35
寒冷地区	冰冻	325±45	350±50
	盐冻	275±45	300±50

此外,对于可能地处海风、酸雨、除冰盐和硫酸盐等环境的水泥混凝土路面结构,为了保证其耐久性,混凝土不宜单独使用硅酸盐水泥作为胶凝材料,而应掺用适量的粉煤灰、磨细矿渣或硅灰等矿物掺合料。

4.3.2 配合比设计步骤

路用水泥混凝土的配合比设计步骤如下：

1）计算配合比

根据工程项目的服役条件确定水泥混凝土路面的公路等级，基于公路等级确定水泥混凝土的设计弯拉强度、工作性和耐久性等指标要求，通过理论及经验公式计算水泥混凝土的初步配合比。

2）目标配合比

根据初步的配合比，选用工程项目的施工材料在室内试拌水泥混凝土，分别检验拌合物坍落度、振动黏度等工作性指标；成型相应的强度测试试件，经标准养护至规定龄期后测试其强度；在条件允许的情况下，测试路用水泥混凝土的抗冻性和耐磨性等耐久性指标。基于测试结果，检验路用水泥混凝土的工作性、强度与耐久性是否满足规范的相关要求，如满足，可将其作为目标配合比，否则需要重新调整配合比直至其满足相关规定的要求。

3）搅拌站的试拌配合比

在搅拌站根据目标配合比搅拌水泥混凝土，通过浇筑200m的试验段路面，检验路用水泥混凝土工作性、强度与耐久性是否满足规范的相关要求，如若满足，可将其作为搅拌站的试拌配合比，否则需要调整目标配合比的粗集料、细集料以及拌和水的用量直到其符合要求，但需注意的是目标配合比中的水泥和外加剂的用量一般不能随意变更。

4）确定施工配合比

在水泥混凝土路面施工过程中，因运输过程导致水泥混凝土的坍落度发生损失时，经搅拌站试拌，可以在保持水泥用量不变的情况下，结合施工气候条件掺用适量的外加剂进行调整。水泥混凝土的用水量需根据搅拌站的集料含水情况进行相应的调整，此外，水泥混凝土配合比中的其他参数不能随意更改。调整好的配合比即为施工配合比，施工配合比一旦确定，不能随意更改。

4.3.3 普通路面混凝土目标配合比设计方法

路用水泥混凝土的目标配合比设计方法以水泥混凝土的弯拉强度作为设计指标，同时需要兼顾考虑混凝土的工作性和耐久性等指标要求。目标配合比设计方法可参照《公路水泥混凝土路面施工技术细则》（JTG/T F30—2014），具体如下：

1）确定路用混凝土的弯拉强度均值

路用水泥混凝土28d的弯拉强度均值f_c可按下式计算得到：

$$f_c = \frac{f_r}{1 - 1.04c_v} + ts \tag{4-1}$$

式中：f_r——水泥混凝土的弯拉强度标准值，其值可根据公路的交通荷载等级按表4-1的规定取值；

c_v——水泥混凝土弯拉强度的变异系数，可按试验统计数据取值，如实际值小于0.05时应取为0.05，当无试验数据时可根据表4-20取值，对于农村公路水泥混凝土路面，变异水平可根据实际情况取为中或高；

t——保证率系数,可按表 4-22 确定取值;
s——水泥混凝土弯拉强度试验样本的标准差,对于有试验数据的情况可使用试验样本的标准差,无试验数据时按表 4-21 取值。

各级公路混凝土路面弯拉强度变异系数 c_v 表 4-20

混凝土弯拉强度变异水平等级	低	中	高
弯拉强度变异系数 c_v 允许变化范围	$0.05 \leqslant c_v \leqslant 0.10$	$0.10 < c_v \leqslant 0.15$	$0.15 < c_v \leqslant 0.20$

各级公路水泥混凝土面层弯拉强度试验样本标准差 s 表 4-21

公路等级	高速	一级	二级	三级	四级
目标可靠度(%)	95	90	85	80	70
目标可靠指标	1.64	1.28	1.04	0.84	0.52
样本的标准差 s(MPa)	$0.25 \leqslant s \leqslant 0.50$		$0.45 \leqslant s \leqslant 0.67$		$0.40 \leqslant s \leqslant 0.80$

保证率系数 t 表 4-22

公路等级	判别概率 p	样本数 n(组)			
		6~8	9~14	15~19	≥20
高速公路	0.05	0.79	0.61	0.45	0.39
一级公路	0.10	0.59	0.46	0.35	0.30
二级公路	0.15	0.46	0.37	0.28	0.24
三、四级公路	0.20	0.37	0.29	0.22	0.19

2) 确定水灰(胶)比

对于无矿物掺合料的水泥混凝土,其水灰比可根据粗集料的类型,分别由式(4-2)或式(4-3)计算得到:

碎石和碎卵石混凝土:

$$\frac{W}{C} = \frac{1.5684}{f_c + 1.0097 - 0.3595 f_s} \tag{4-2}$$

卵石混凝土:

$$\frac{W}{C} = \frac{1.2618}{f_c + 1.5492 - 0.4709 f_s} \tag{4-3}$$

式中:$\frac{W}{C}$——混凝土的水灰比;

f_s——水泥实测的 28d 抗折强度。

当水泥混凝土外掺粉煤灰、磨细矿渣、硅灰等矿物掺合料时,需要采用水胶比 $W/(C+F)$ 来代替水灰比 W/C。需要注意的是,当掺用粉煤灰时,用于代替细集料的粉煤灰用量不计入水胶比中。

对于计算得到的水灰(胶)比,需要检查其是否满足表 4-3 中有关耐久性的要求。当水灰(胶)比的计算值大于表 4-3 规定的最大值,需按表 4-3 取值。

3) 确定砂率

在得到水泥混凝土的水灰(胶)比后,可根据细集料的细度模数以及粗集料的类型,由

表4-23确定水泥混凝土的砂率。当路面表层需做抗滑槽处理时,砂率需在表4-23的基础上增加1~2个百分点。

水泥混凝土的砂率　　　　　　　　　　表4-23

细集料的细度模数		2.2~2.5	2.5~2.8	2.8~3.1	3.1~3.4	3.4~3.7
砂率S_P(%)	碎石	30~34	32~36	34~38	36~40	38~42
	卵石	28~32	30~34	32~36	34~38	36~40

注:1. 碎卵石可在碎石和卵石混凝土之间内插取值。
　　2. 相同细度模数时,机制砂的砂率宜偏低限取用。

4)确定单位用水量

对于未掺外加剂的水泥混凝土,单位用水量主要取决于水灰比、粗集料的类型、砂率和混凝土的坍落度,可按式(4-4)或式(4-5)计算得到:

碎石:
$$W_o = 104.97 + 0.309S_L + 11.27\frac{C}{W} + 0.61S_P \tag{4-4}$$

卵石:
$$W_o = 86.89 + 0.370S_L + 11.24\frac{C}{W} + 1.00S_P \tag{4-5}$$

式中:W_o——未掺外加剂时水泥混凝土的单位用水量;
　　　S_L——混凝土的坍落度;
　　　S_P——砂率;
　　　$\frac{C}{W}$——水灰比的倒数。

对于掺用外加剂的水泥混凝土,其单位用水量可按下式计算得到:

$$W_{ow} = W_o\left(1 - \frac{\beta}{100}\right) \tag{4-6}$$

式中:W_{ow}——掺用外加剂时混凝土的单位用水量;
　　　β——所用外加剂的实测减水率。

对于计算得到的单位用水量,需要结合路面的施工工艺由表4-24确定是否满足最大单位用水量的要求,当单位用水量的计算值大于表4-24规定的最大值,应取表4-24规定的最大值。

面层水泥混凝土最大单位用水量(kg/m³)　　　　表4-24

施工工艺	碎石混凝土	卵石混凝土
滑模摊铺机摊铺	160	155
三辊轴机组摊铺	153	148
小型机具摊铺	150	145

5)确定胶凝材料用量

对于未掺矿物掺合料的水泥混凝土,其单位水泥用量可按式(4-7)计算得到。当单位水泥用量小于表4-3规定的最小值时,需按表4-3的最小水泥用量取值。

$$C_o = \left(\frac{C}{W}\right)W_o \tag{4-7}$$

式中：C_o——单位水泥用量。

对于掺用矿物掺合料的水泥混凝土，当矿物掺合料为磨细矿渣或硅灰时，配合比设计应采用等量取代水泥法，具体掺量可通过试验来确定；当矿物掺合料为粉煤灰时，应按超量取代法进行配合比计算，粉煤灰除了取代水泥外，超量的部分可代替细集料，并对细集料的实际用量作折减。对于不同等级的粉煤灰，其超量取代系数可按表4-25取值。注意取代水泥的粉煤灰用量不宜过大，对于Ⅰ型硅酸盐水泥不宜大于30%，对于Ⅱ型硅酸盐水泥不宜大于25%，对于道路硅酸盐水泥不宜大于20%。粉煤灰的总掺量可通过试验方法来确定。

各级粉煤灰的超量取代系数　　　　　　　　　　　　　表4-25

粉煤灰等级	Ⅰ	Ⅱ	Ⅲ
超量取代系数	1.1~1.4	1.3~1.7	1.5~2.0

6）确定粗细集料用量

水泥混凝土中粗细集料用量可根据质量法或体积法计算得到，当采用质量法时，单位混凝土质量可假设为2400~2450 kg/m³。当采用体积法时，需要考虑含气量的影响，对于计算得到的配合比，需要检验其粗细集料的填充体积率，一般不宜小于70%。

4.3.4　施工配合比检验和调整

在确定水泥混凝土的目标配合比之后，在正式投入工程施工之前应根据实际生产要求在试铺路面段进行试拌，检验试拌混凝土的力学性能，并做适当的调整，直至满足目标要求才能投入施工使用。目标配合比的试拌复查内容主要包括如下：

（1）检验粗细集料的含水率，据此校准搅拌楼显示的含水率，同时对目标配合比的集料用量和用水量进行调整。

（2）检验集料、水泥、矿物掺合料和水等混凝土原材料以及新拌混凝土的温度。

（3）检验新拌混凝土的密度、坍落度、黏聚性和含气量等指标，测试方法与实验室内方法相同，当与设计目标存在偏差时需要做适当的调整。

（4）检验施工气候条件下新拌混凝土坍落度损失、初凝时间和终凝时间，为确定搅拌站出料和路面摊铺时的坍落度控制值、新拌混凝土的运输距离及时间提供依据。为了保证路面施工的顺利开展，路用水泥混凝土的初凝时间不应小于3h，在高温施工季节可通过添加缓凝剂或保塑剂来调整初凝时间。在冬季负温施工季节一般需添加早强防冻剂。

（5）在新拌混凝土工作性满足要求的条件下，需要成型相应的混凝土试件来检验其弯拉强度和抗压强度。弯拉强度测试后的残余块体可用于抗压强度的测试，但需乘以0.95~0.97的折算系数才能作为抗压强度的标准值。

4.3.5　工程示例

4.3.5.1　现场混凝土原材料性能

新建农村水泥混凝土路面的试验路段位于云南省迪庆州香格里拉，属于香格里拉尼西乡新阳村通畅工程西归段，工程路线长4.727km。

水泥采用香格里拉华新水泥厂P·O 42.5等级水泥，其物理指标如表4-26所示。水泥胶砂的抗压强度与抗折强度如表 4-27 所示。水泥的细度、初终凝时间、安定性、胶砂强度等试验指标均符合施工规范中、轻交通荷载等级道路要求。

水泥的物理指标 表 4-26

出磨时的安定性	标准稠度需水量	初凝时间（h）	终凝时间（h）	细度
试饼法无弯曲裂缝	26%	3.0	6.4	2.6%

水泥的抗压强度与抗折强度 表 4-27

龄期（d）	3	28
抗压强度（MPa）	21.5	48.4
抗折强度（MPa）	4.0	7.8

粗集料采用 214 国道 K1986+800 右侧 20m 处料场的混合碎石，属于石灰岩，岩石干燥抗压强度为 112.7MPa，饱水抗压强度为 106.7MPa，软化系数为 0.95。粗集料的最大粒径为 37.5mm，技术指标如表 4-28 所示，级配曲线如图 4-1 所示，级配符合《公路水泥混凝土路面施工技术细则》（JTG/T F30—2014）的要求，大粒径（>31.5mm）集料含量符合规范规定 0~5% 的含量要求。粗集料的坚固性、压碎指标、针片状颗粒含量等各项技术指标均符合Ⅲ级技术要求（表 4-7），可用于无抗（盐）冻要求的三、四级公路混凝土路面建设。

粗集料的技术指标 表 4-28

技术指标	数值	技术指标	数值
孔隙率（%）	38.67	坚固性（按质量损失计算）（%）	2.5
表观密度（kg/m³）	2689	含泥量（<0.075mm）（%）	0.21
堆积密度（kg/m³）	1649	针片状颗粒含量（%）	2.93
压碎指标（%）	7.8	吸水率（%）	0.87

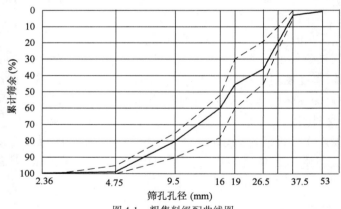

图 4-1 粗集料级配曲线图

细集料采用 214 国道 K1986+800 右侧 20m 处料场的机制砂，细集料的最大粒径为 4.75mm，细集料含粉料较高，技术指标如表 4-29 所示，级配曲线如图 4-2 所示，级配的上下限按《公路水泥混凝土路面施工技术细则》（JTG/T F30—2014）确定。细集料的坚固性、压碎指标、含泥量等各项技术指标均符合Ⅲ级技术要求（表 4-12），细度模数为 2.81，属于Ⅱ区中砂，可用于无抗（盐）冻要求的三、四级公路混凝土路面建设。

细集料的技术指标 表 4-29

技术指标	数值	技术指标	数值
孔隙率(%)	39.04	坚固性(按质量损失计算)(%)	4.3
表观密度(kg/m³)	2661	含泥量(<0.075mm)(%)	1.68
堆积密度(kg/m³)	1622	针片状颗粒含量(%)	0
压碎指标(%)	11	吸水率(%)	0.38

混凝土搅拌用水为清洁饮用水,水源为 5km 外山上村民居住处的饮用水源,通过水管引到混凝土搅拌楼。

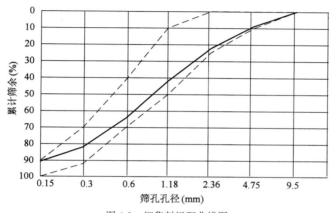

图 4-2 细集料级配曲线图

4.3.5.2 现场配合比设计

工程采用混凝土强度的标准值具备不小于 95% 的保证率,水泥混凝土路面板 28 天的弯拉强度均值 $f_{cu,o}$ 按下式计算:

$$f_{cu,o} = f_{cu,k} + 1.645\sigma \tag{4-8}$$

式中:$f_{cu,k}$——设计弯拉强度标准值;

σ——混凝土材料强度的均方差,对于配制 C10~C20 强度等级的混凝土均方差一般取 4.0MPa,C25~C40 等级的混凝土取 5.0MPa,C45~C60 强度等级的混凝土取 6.0MPa。

香格里拉尼西乡新阳村通畅工程拟采用 C25 混凝土,每立方米造价约 500 元,配制 28d 弯拉强度的均值为 $f_{cu,o} = 33.2$MPa。假设混凝土密度为 2400kg/m³,根据质量法设计 3 组配合比,如表 4-30 所示。

每立方米混凝土配合比 表 4-30

组别	水灰比	砂率(%)	水(kg)	水泥(kg)	砂(kg)	碎石(kg)
A	0.58	39	189	326	735	1150
B	0.55	38	189	344	709	1158
C	0.52	37	189	365	684	1164

在试验室根据 3 组配合比进行机拌机捣,并在 20℃±3℃,湿度≥90% 的环境下养护 7d 和 28d,强度试验结果如表 4-31 所示,28d 的抗压及弯拉强度与水灰比的关系如图 4-3 所示,由

图 4-3 可知混凝土的水灰比不应大于 0.563。

不同配合比的试验结果　　　　　　　　表 4-31

组别	实际密度（kg/m³）	试件数量	7d 抗压强度（MPa）	28d 抗压强度（MPa）	7d 弯拉强度（MPa）	28d 弯拉强度（MPa）
A	2401	6	18.3	30.6	2.2	3.3
B	2400	6	23.2	35.2	3.4	5.3
C	2404	6	27.0	40.5	3.8	6.3

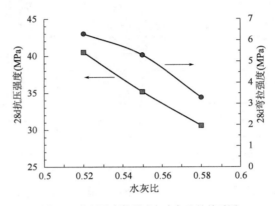

图 4-3　抗压及弯拉强度与水灰比的关系图

4.3.5.3　现场混凝土配合比调整

通过对试配混凝土的各项指标和强度结果分析，项目部选用 B 组 C25 混凝土配合比，每立方米混凝土的水泥用量为 344 kg，7d 弯拉强度为 3.4MPa，28d 弯拉强度为 5.3MPa。上述混凝土配合比在实际铺筑过程中出现泌水现象，具体如图 4-4 所示，分析泌水现象可能是由砂本身的质量及其级配所引起。

针对泌水问题，采取以下的调整方案：碎石增加 100kg，砂减少 100kg，水减小 12kg。调整后的配合比为 1∶2.35∶3.08∶0.51，水泥用量为 345.7kg/m³。调整后混凝土的工作性能得到改善，泌水现象消失，具体如图 4-5 所示。

图 4-4　铺筑后的路面泌水

图 4-5　调整配合比后的路面情况

4.4 路用碾压混凝土配合比设计

路用碾压混凝土是一种坍落度几乎为零,利用沥青路面施工设备进行摊铺和碾压成型的超干硬性混合料。相比普通水泥混凝土路面,碾压混凝路面具有建造成本低、耐久性好、后期维护少等优点。近年来碾压混凝土路面在我国开始得到广泛运用。

稠度和压实度是衡量碾压混凝土性能的两大指标,稠度主要影响路用碾压混凝土的施工。为了得到有效的压实度,碾压混凝土拌合物不能太湿,以防施工设备在摊铺碾压过程中下沉过大而无法工作;另一方面,碾压混凝土拌合物不能太干,否则碾压混凝土拌合物无法碾压振动液化,集料间缺乏必要的黏结,碾压混凝土成型效果较差,导致其强度不足。根据已有的工程经验,路面碾压混凝土改进 VC 值在 $35\sim 45s$ 之间较为适宜。压实度主要影响碾压混凝土的强度。由于碾压混凝土中水泥浆体含量较少,其强度主要取决于集料的嵌锁作用,压实度越大,集料的嵌锁作用越强,强度也就越高。因此,在进行路用碾压混凝土配合比设计时,需要兼顾稠度和压实度两大指标。

4.4.1 技术性能

相比于普通路用水泥混凝土,路用碾压混凝土的技术性能主要体现如下:

1)强度高

一般情况下路用碾压混凝土采用连续密级配的集料,经过压路机的碾压,不同粒径集料之间形成骨架密实结构,集料的嵌挤作用较强,因此碾压混凝土的强度较高,早期强度的提高效果尤为显著。

2)干缩变形小

碾压混凝土由于集料含量较高,凝胶材料的含量较小,使得碾压混凝土的干缩变形较小。

3)耐久性好

碾压混凝土在压路机的碾压作用下集料形成密实结构,拌合物中的气体被挤出,使得混凝土内部的孔隙率显著降低,最终提高碾压混凝土抗冻性、抗水性和抗渗性等耐久性指标。

4.4.2 碾压混凝土配合比设计原则与要求

4.4.2.1 设计原则

路用碾压混凝土在配合比设计过程中一般需要遵循以下两大原则:

(1)碾压混凝土的密实度达到最大化,即粗集料之间的空隙能被水泥砂浆填充,形成紧密结构体,细集料能被水泥净浆包裹,并且细集料之间的空隙能被水泥净浆所填充。

(2)碾压混凝土混合料需尽量避免集料分离,在满足施工和易性的同时也能满足强度、耐久性、经济性和可碾性的要求。

4.4.2.2 设计要求

路用碾压混凝土配合比设计需要符合以下的设计要求:

(1)碾压混凝土拌合物需要具备合适的稠度,满足路面工程施工的振动碾压要求。

(2) 在满足施工和易性的条件下,需尽可能提高集料的用量,以提高碾压混凝土的密度。

(3) 碾压混凝土混合料需要具备合适的黏聚性,避免在运输和施工过程中发生集料分离现象。

4.4.3 碾压混凝土材料组成及性能要求

4.4.3.1 胶凝材料

与普通混凝土类似,碾压混凝土所选用的胶凝材料应能保证其具有抵抗表面磨耗、冻融、碱集料反应等劣化作用的能力。碾压混凝土常用的水泥类型包括硅酸盐水泥、普通硅酸盐水泥与道路硅酸盐水泥。水泥的类型不同,其水化速度和强度发展速度也有所不同,因此需要根据设计强度和规定龄期所需的强度选择合适的水泥品种。碾压混凝土使用的矿物掺合料包括粉煤灰、矿渣和硅粉,通过掺加适量的矿物掺合料,可以提高碾压混凝土的强度和抗冻融性能。但在工程中主要掺用粉煤灰,而较少使用矿渣和硅粉。虽然掺加粉煤灰可以减少水泥用量,降低水化热,提高碾压混凝土的压实度,但是粉煤灰用量过多可能会引起混凝土路面表层的剥落,因此粉煤灰的掺量一般为胶凝材料总体积的15%~20%。此外,碾压混凝土中的粉煤灰品质应该符合表4-5的相关规定。

4.4.3.2 集料

与普通混凝土相比,碾压混凝土的集料所占的体积更大,可达到总体积的75%~85%,集料的性质无论是对新拌碾压混凝土还是硬化后碾压混凝土的性能影响都非常显著。对于新拌碾压混凝土,集料主要影响混凝土的工作性、离析的可能性以及振动压实的难易程度。对于硬化的碾压混凝土,集料的性能主要影响混凝土的强度、耐久性和弹性模量。因此,选择合适的集料对降低碾压混凝土路面建设成本以及提高碾压混凝土路面的服务性能具有重要意义。

为得到理想的混凝土密实度,集料级配必须连续不间断。虽然增大集料的最大粒径可以减少集料的比表面积,进而减少裹覆浆体的用量,但是会增大施工过程中集料离析的可能性以及降低路面的平整度。综合考虑,碾压混凝土中的集料公称最大粒径不宜大于19mm。此外,与普通混凝土的集料级配相比,碾压混凝土的另一个差别在于通过0.075mm孔筛的集料含量宜为2%~8%,这部分颗粒能有效降低细集料间的孔隙率,提高碾压混凝土的密实度及强度。对于通过0.075mm孔筛的颗粒含量较少的集料(比如河砂),可以通过掺用粉煤灰的方法来改善集料级配。

4.4.3.3 拌和水

路用碾压混凝土对拌和水没有特殊要求,与普通水泥混凝土一样,采用清洁的淡水即可。当使用不明水质的拌和水时,水质应该符合表4-16的相关规定。

4.4.3.4 外加剂

路面碾压混凝土可用的外加剂包括减水剂、缓凝剂以及引气剂。国外研究表明,使用减水剂和缓凝剂可以延缓碾压混凝土的硬化,从而保证道路不同面层具有可靠的黏结性能。引气剂的使用可以提高碾压混凝土的抗冻融性能,但其用量要比在普混凝土中的用量偏大。

4.4.4 碾压混凝土配合比设计指标

4.4.4.1 弯拉强度

弯拉强度是水泥混凝土路面板一项重要的控制指标,它是否满足设计要求将直接影响到路面的整体质量及使用寿命。农村公路路用碾压混凝土的设计弯拉强度标准值需满足表4-1中等、轻交通荷载等级的相关规定。为了保证水泥混凝土路面板能够承受车辆荷载的重复作用及环境温湿度作用而不致破坏,需在混凝土路面板浇筑前测试其弯拉强度。目前,国外还没有制定统一的室内碾压混凝土弯拉强度试件的制作方法,一般需在公路路面上切割得到弯拉强度的测试试件。我国的《公路工程水泥及水泥混凝土试验规程》(JTG E30—2017)给出了碾压混凝土弯拉试件的制作方法,但该方法需要特制的振动成型仪器设备。

对于路用碾压混凝土,其28d弯拉强度均值f_{cc}可按下式计算得到:

$$f_{cc} = \frac{f_{cr} + f_{cy}}{1 - 1.04 c_{cv}} + t_c s_c \quad (4-9)$$

式中:f_{cr}——路用碾压混凝土的弯拉强度标准值,其值可根据公路的交通荷载等级按表4-1的规定取值;

f_{cy}——碾压混凝土压实安全弯拉强度,可按式(4-10)计算;

c_{cv}——路用碾压混凝土弯拉强度的变异系数,可按试验统计数据取值,如实际值小于0.05时应取为0.05,当无试验数据时可根据表4-20取值,对于农村公路水泥混凝土路面,变异水平可根据实际情况取为中或高;

t_c——路用碾压混凝土强度的保证率系数,可按表4-22确定取值;

s_c——路用碾压混凝土弯拉强度试验样本的标准差,对于有试验数据的情况可使用试验样本的标准差,无试验数据时按表4-21取值。

$$f_{cy} = \frac{\alpha}{2}(y_{c1} + y_{c2}) \quad (4-10)$$

式中:α——压实度变化1%所引起的弯拉强度变化幅值,可通过试验确定;

y_{c1}——弯拉强度试件标准压实度,一般取值为95%;

y_{c2}——基于路面钻芯取样测试得到的压实度下限值。

4.4.4.2 施工和易性

在碾压混凝土路面施工过程中,既要确保碾压混凝土能够达到最大密实度,同时又能顺利提浆保证路面的平整度。碾压混凝土和普通混凝土的主要差别之一在于稠度不同。稠度指的是混凝土拌合物在自重或机械振捣作用下能流动并均匀密实地填满模板的性能。稠度是碾压混凝土一个重要特性,它不但影响振动压路机的施工作业,对碾压混凝土压实度和表面平整程度也有较大的影响。碾压混凝土属于超干硬性混凝土。如前所述,为了得到有效的压实,碾压混凝土拌合物不能太湿,也不能太干。

为了测定碾压混凝土拌合物的稠度,可以参考ASTM C1170或《公路工程水泥及水泥混凝土试验规程》,采用22.7kg的压重、半面积出浆的试验方法来测试碾压混凝土拌合物的改进稠度指标。根据已有的工程经验,路用碾压混凝土的改进维勃时间(改进 VC 值)宜介于 35 ~

45s。VC值越大,碾压混凝土的流动性越小。影响碾压混凝土稠度的主要因素包括如下:

1)砂率

砂率对碾压混凝土的作用具有两面性:增大砂率,一方面可以减小碾压混凝土离析的可能性,保证混凝土混合料的均匀性,提高碾压混凝土表面的平整度,另一方面也增大碾压混凝土试样表面出浆的难度,导致VC值增大。

2)集料级配

由于碾压混凝土的水泥浆体含量较少,为了得到满足要求的稠度性能,碾压混凝土的集料级配必须连续而不能间断,以减小集料间空隙,避免大部分浆体用于填充集料空隙,导致在振动条件下不容易出浆。

3)含水率

碾压混凝土混合料在振动压实作用下,含水率越大,浆体越稀,越有助于出浆。拌和水对出浆具有促进的作用,只要含量稍微改变,碾压混凝土的VC值就可能发生明显的变化。

4)水泥用量

水泥浆体的含量随着水泥用量的增大而增加,在振动的条件下有助于出浆,碾压混凝土混合料的稠度将减小。

5)粉煤灰掺量

为了改善碾压混凝土的压实度和稠度性能,碾压混凝土粒径小于0.075mm的细集料(细粉)含量应介于2%~8%。当细粉含量不足时,可采用粉煤灰来充当细粉。碾压混凝土的稠度与粉煤灰的品质有关,当粉煤灰颗粒较细,形状呈球形时,粉煤灰在混凝土拌合物中起到"滚珠"作用,需水量将减小,稠度将减小;但当粉煤灰颗粒的"滚珠"作用较差时,则需水量增多,稠度也将增加。

4.4.4.3 耐久性

碾压混凝土拌合物具有优良的级配组成和较低的水灰比,在振动碾压条件下,可使集料形成互相靠拢的密度骨架,孔隙率大为降低。由于水泥浆与集料体积比显著降低,混凝土干缩变形也随之降低,干缩变形仅为普通混凝土的40%左右。同时,碾压混凝土也具有较好的抗渗透性,与之关联的抗冻性和抗腐蚀性也有所提高。现有试验研究表明,碾压混凝土的抗冻性较普通混凝土提高4~6倍。碾压混凝土的粗集料含量较大,这也有助于提高其表面耐磨性及抗滑性。

4.4.5 碾压混凝土配合比设计步骤

常见的路用碾压混凝土配合比设计方法包括简捷法和正交试验法。其中简捷法主要用于一般路面工程,正交试验方法主要用于重要工程。

4.4.5.1 简捷法

1)对于掺用外加剂而未掺粉煤灰的碾压混凝土,其配合比设计步骤如下:

(1)计算碾压混凝土的单位用水量

在确定路用碾压混凝土的改进VC值后,根据式(4-11)计算单位用水量W_{oc}。

$$W_{oc} = 137.7 - 20.55\lg(VC) \tag{4-11}$$

式中：VC——碾压混凝土拌和物改进 VC 值。

（2）计算碾压混凝土的水灰比

掺用外加剂而未掺粉煤灰的碾压混凝土初步配合比的水灰比 $\dfrac{W}{C}$ 可按式（4-12）计算得到，水灰比的计算结果应满足表 4-32 三、四级公路所对应的有关最大水灰（胶）比要求，如不满足，需取二者之中的最小值。

$$\frac{W}{C} = \frac{0.2156 f_s}{f_{cc} - 0.172 f_s} \tag{4-12}$$

式中：f_s——水泥实测 28d 抗折强度；
　　　f_{cc}——碾压混凝土配制 28d 弯拉强度均值。

碾压混凝土最大水灰（胶）比和最小单位水泥用量　　　　表 4-32

公路技术等级		二级公路面层、高速公路下面层	三、四级公路面层、二级公路下面层
最大水灰（胶）比		0.40	0.42
有抗冰冻要求最大水灰（胶）比		0.38	0.40
有抗盐冻要求最大水灰（胶）比		0.36	0.38
最小单位水泥用量（kg/m³）	42.5 级	290	280
	32.5 级	305	300
有抗冰（盐）冻时最小单位水泥用量（kg/m³）	42.5 级	315	310
	32.5 级	325	320
掺粉煤灰时最小单位水泥用量（kg/m³）	42.5 级	255	250
	32.5 级	265	260
有抗冰（盐）冻、掺粉煤灰时的最小单位水泥用量（kg/m³）	42.5 级	260	265
	32.5 级	275	270

（3）计算水泥用量

在确定碾压混凝土的水灰比后，可以根据式（4-13）计算单位体积碾压混凝土的水泥用量 C_{oc}，水泥用量的计算结果应满足表 4-32 三、四级公路所对应的最小单位水泥用量要求，如不满足，需取二者之中的最大值。

$$C_{oc} = W_{oc} \times \frac{C}{W} \tag{4-13}$$

（4）确定粗集料的填充体积率

根据工程实际的细集料细度模数，由表 4-33 确定碾压混凝土粗集料的填充体积率。

粗集料填充体积率　　　　表 4-33

细集料细度模数	2.40	2.60	2.80	3.00
粗集料填充体积 V_g（%）	75	73	71	69

（5）计算粗集料用量

在确定粗集料的填充体积率后，可以根据式（4-14）计算粗集料的用量 G_{oc}：

$$G_{oc} = \gamma_{cc} \times V_g \tag{4-14}$$

式中:γ_{cc}——单位体积碾压混凝土的质量;
　　　V_g——粗集料的填充体积率。

(6)计算细集料用量

最后采用体积法,根据所有原材料组成(包括含气量)的体积百分率等于1.0的条件,计算得到细集料用量S_{oc}。

(7)计算外加剂用量

单位体积碾压混凝土的外加剂用量Y_{oc}可按下式计算得到:

$$Y_{oc} = y \times C_{oc} \tag{4-15}$$

式中:y——根据试验优选的外加剂掺量。

2)对于掺用外加剂和粉煤灰的碾压混凝土,其配合比设计步骤具体如下:

(1)计算粗集料用量

根据表4-33选定粗集料的填充体积率V_g,然后根据式(4-14)计算粗集料的用量G_{oc}。

(2)确定粉煤灰的超量取代系数

根据经验公式或正交试验法选定代替水泥的粉煤灰掺量F_c,超量取代系数k与粉煤灰的等级有关,对于Ⅰ级粉煤灰,k可取为1.4~1.8;对于Ⅱ级粉煤灰,k可取为1.6~2.0。

(3)计算单位用水量

掺用外加剂和粉煤灰的碾压混凝土的单位用水量W_{ofc}可按式(4-16)计算得到:

$$W_{ofc} = 135.5 - 21.1\lg(VC) + 0.32F_c \tag{4-16}$$

(4)计算基准凝胶材料总量

基准凝胶材料总量$(C+F)$可按下式计算得到:

$$C + F = 200(f_{cc} - 7.22 + 0.25F + 0.23V_g) \tag{4-17}$$

(5)计算水泥用量

单位体积碾压混凝土的水泥用量C_{ofc}可按式(4-18)计算得到,水泥用量的计算结果应满足表4-32三、四级公路所对应的最小单位水泥用量要求,如不满足,需取二者之中的最大值。

$$C_{ofc} = (F + C)\left(1 - \frac{F_c}{100}\right) \tag{4-18}$$

(6)计算粉煤灰总用量

单位体积碾压混凝土的粉煤灰总用量F_{cc}按下式计算得到:

$$F_{cc} = C_{ofc} \times F_c \times k \tag{4-19}$$

(7)计算总水胶比

掺用外加剂和掺粉煤灰的碾压混凝土的总水胶比J_z可按式(4-20)计算得到,计算结果应满足表4-32三、四级公路所对应的最大水灰(胶)比要求,如不满足,需取二者之中的最小值。

$$J_z = \frac{W_{ofc}}{C_{ofc} + F_{cc}} \tag{4-20}$$

(8)计算细集料用量

基于体积法,根据所有原材料组成(包括含气量)的体积百分率等于1.0的条件,计算得到细集料用量S_{oc}。

(9)计算外加剂用量

单位体积碾压混凝土的外加剂用量 Y_{ofc} 可按下式计算得到：

$$Y_{ofc} = y_f(C_{ofc} + F_{cc}) \tag{4-21}$$

式中：y_f——掺用外加剂和粉煤灰碾压混凝土的外加剂掺量。

4.4.5.2 正交试验法

采用正交试验法开展路用碾压混凝土的配合比设计，不仅可以明确组成材料对碾压混凝土性能的影响程度及作用规律，还能据此建立经验公式来确定满足设计要求的配合比。基于正交试验法的配合比设计步骤如下：

1）确定试验的考察因素及水平，设计正交表

对于未掺粉煤灰的路用碾压混凝土，其考虑的因素包括单位用水量、水泥用量和粗集料填充率三个因素，每个因素采用三个水平，按照正交表 L9(3^3) 设计实验方案。

对于掺粉煤灰的碾压混凝土，其考虑的因素包括单位用水量、基准胶材总量、粉煤灰掺量和粗集料填充率四个因素，每个因素采用三个水平，按照正交表 L9(3^4) 设计实验方案。

2）设计路用碾压混凝土的配合比

依据正交试验方案，计算每组配合比设计中各组成材料的用量。

3）试验测试路用碾压混凝土的性能

根据设计要求的考核指标，测试每组碾压混凝土的性能，重点关注改进 VC 值和弯拉强度两项指标，在试验条件允许的情况下，可以增加抗压强度、抗冻性和耐磨性等测试指标。

4）分析正交试验结果

采用直观分析法和方差分析法确定各因素对路用碾压混凝土考核指标的影响程度和作用规律，对测试结果进行回归分析，建立路用碾压混凝土稠度和强度等考核指标与主要因素的关系。

5）确定路用碾压混凝土的初步配合比

综合考虑碾压混凝土稠度和强度指标，基于建立的关系式确定路用碾压混凝土的初步配合比。

第5章 农村公路水泥混凝土路面面层施工

相比于城市地区,农村地区经济欠发达,其路面建设投资少,施工工艺与机具较简单,施工人员专业素质参差不齐,上述因素容易导致水泥混凝土路面发生早期病害,影响其长期使用性能和寿命。因此,需结合当地实际情况合理布置施工环节,采用合适机具,把控好原材料质量,采取合理及时的养生措施,提高农村公路施工管理水平和工程质量。

5.1 施 工 准 备

5.1.1 设备配置

合理的设备配置是顺利开展农村公路施工的必备条件。根据经验并结合农村公路低交通量的特点,农村公路建设工程需配置以下施工设备,具体如表5-1所示。

施工设备配备表　　表5-1

工作内容	设 备	备 注
钢筋加工	钢筋锯断机、折弯机、电焊机	根据需要确定规格和数量
测量	水准仪、经纬仪	根据需要确定规格和数量
架设模板	与路面等高3m、长3mm钢板与4cm角钢(边长40×60mm)	数量不少于3天的摊铺用量
搅拌	强制式拌和楼,单车道≥25m³/h,双车道≥50m³/h	总拌和生产能力及拌和楼数量根据施工规模和进度计算确定
	装载机	2～3m³
	发电机	≥120kW
	供水泵和蓄水池	单车道≥100m³/h,双车道≥200m³/h
运输	5～10t自卸车	数量由匹配计算确定
振实	手持振捣棒,功率≥1.1kW	每两米宽路面不少于1根
	平板振动器,功率≥2.2kW	每车道路面不少于1个
	振捣整平梁,刚度足够,两个振动器功率≥1.1kW	每车道路面不少于1个振动器,每车道路面不少于1个振动梁
	现场发动机功率≥30kW	不少于2台
提浆整平	提浆滚杠直径15～20mm,表面光滑无缝钢管,壁厚≥3mm	长度适应铺筑宽度,一次摊铺单车道路面一根,双车道路面两根

续上表

工作内容	设　备	备　注
提浆整平	叶片式或圆盘式抹面机	每车道路面不少于1台
	3m 刮尺	每车道路面不少于2根
	手工抹刀	每米宽路面不少于1把
抗滑构造	工作桥	不少于3个
	人工拉毛尺耙、压槽器	根据需要定数量
切缝	软锯缝机	根据需要定数量
	手推锯缝机	根据需要定数量
磨平	水磨石磨机	需要处理欠平整部位时
灌缝	填缝机具	根据需要定规格和数量
养生	洒水车4.5~8t	根据需要定数量
	压力式喷洒机或喷雾器	根据需要定数量
	工地运输车4~6t	根据需要定数量

5.1.2 施工组织设计

5.1.2.1 施工组织设计

在农村公路项目施工前，建设单位应组织设计单位、施工单位和监理单位等各项目参与方召开技术交底会。施工单位应根据设计单位提供的设计方案与合同资料，结合当地的实际情况和本单位的施工机具等条件制定相关的工艺流程，设计详细、合理、可行的施工组织，并提供相应的施工方案。

农村公路水泥混凝土路面的施工组织设计应包括如下内容：

（1）成立施工组织机构，确定各个部门的岗位职责，确保各个部门分工明确，各尽其责，提高工作效率。

（2）制定简单易懂的工程施工进度计划表。施工进度表应能与当地的建设实际条件相符，即劳动力的分配应合理、施工作业方案可行等。

（3）编制施工现场平面图。现场平面图应清晰包含机具和材料的堆放地点、拌和站位置及运输线路、职工宿舍与食堂等。

（4）施工现场应根据项目建设要求建立路用混凝土基本技术指标检测的试验室，试验室需具备一定的资质，能够对路用混凝土原材料及配合比进行必要的质量检测，提供符合工程项目验收的自检结果。

（5）为了提高施工的效率，在水泥混凝土路面施工前，应提前设置服务于施工的通道、桥涵等构造物或施工便道。

（6）当采用机械化施工方式开展水泥混凝土路面施工时，指挥台应安排路面施工生产调度和指挥的施工人员，以确保搅拌楼和施工现场的信息互通以及路面的连续施工作业。

5.1.2.2 搅拌楼设置

搅拌楼应根据搅拌机的效率、混凝土材料的拌和要求、拌合物的运输工具、运输距离、路面

结构摊铺、振捣、抹面等施工作业的时间等条件来设置,其设置应遵循以下原则:

(1)搅拌楼尽量做到占地少、设施全。场内保证供水供电,能够满足钢筋加工、混凝土运输、材料储存等使用需求。

(2)搅拌楼内应能提供充足的水源,并保证水质,确保及时供应混凝土的拌和以及养生所需的用水。此外,拌和场还需提供清洁所需的用水,如果供水量不足时,应修筑相应的蓄水池,其容量应能满足每日的用水量。

(3)搅拌楼应保证能提供充足的电力供应,以保证施工现场机具设备的正常工作、夜间路面施工照明、施工驻地的日常生活用电。

(4)搅拌楼应设置在加油站附近,保证路面施工各类机具、运输车辆等动力设备的燃料供应需求,当条件不允许时,需要设置油料储备库。

(5)搅拌楼应有合适的空间场地,确保混凝土材料生产的各个工序互不干扰。鉴于运输车的轴载较重,搅拌楼装料区域的水泥混凝土面板的厚度不应小于20cm,并应设计相关的排放管道、积水坑和废水处理回收装置。

5.1.2.3 原材料与设备的检查

在施工准备阶段,应依据混凝土路面的工程规模、设计要求,对当地及周边的水泥、外加剂、粉煤灰、钢材、水资源、砂石料、电力、运输等状况进行实地调查,确认符合铺筑混凝土路面所需原材料的品种、规格及其供应量、供给方式和运输距离等,通过调查筛选,初步选择原材料的供应商。

开工前,工地实验室应对初步选用的原材料进行质量检验和混凝土配合比的优选,监理应对原材料进行抽检、对配合比试验进行验证,报请业主正式审批;应根据路面施工进度安排保证及时供给符合规范要求的各种原材料,不合格的原材料一律不得进场;所有原材料进出场应进行称量、登记、保管和签发;应将相同料源、规格、品种的原材料作为一批,分批量检验和储存。

施工前必须对机械设备、测量仪器、基准线或模板、机具、工具及各种试验仪器等进行全面的检查、调试、校核、标定、维修和保养。主要施工机具的易损零部件应有适量储备。

5.1.3 基层准备

农村公路基层一般采用级配碎石、未筛分碎石或水泥稳定基层。施工过程中基层的厚度与强度应满足路面的设计文件要求,以确保基层能够承受施工机具的作业荷载。此外,基层的横坡、表面与边线的平整度、接茬的平顺度等也需要满足设计要求,以保证水泥混凝土面层结构的施工质量。

在基层施工前,需要对上述的指标进行校验,当不满足设计要求时,在铺筑前需要对基层进行适当处理。在铺设面层前需要对基层顶面进行适当的湿润,以防基层顶面过干易吸水,降低混凝土拌合物的工作度。此外,应当注意:基层顶面过湿则可能增大混凝土的水灰比,导致路面板的弯拉强度低于设计值。

5.1.4 施工放样

混凝土路面施工前需要根据设计图纸放样路面的中线和边线位置。根据基层施工设定的水准点,对路面胀缝、构造位置以及路面的标高进行复核。

5.1.5 模板安装

5.1.5.1 模板要求

施工放样后,需要根据放样的路面中心线和边线进行模板的安装。农村公路水泥混凝土路面可以采用钢模板或木模板进行支模。当采用钢模板时,可以采用普通槽钢或者采用厚度为3mm的钢板与60mm×40mm×4mm的角钢组合模板。钢模板需要根据路面设计要求在工厂加工,其长度一般取为3m,高度应与混凝土路面板的厚度基本相等,偏差不宜大于2mm。当采用木模板时,应选择风干的且变形不明显的木材来制作模板,厚度一般介于20~30mm,高度与混凝土路面板的厚度保持一致,偏差同样不宜大于2mm。

5.1.5.2 模板安装

模板需要严格依照放样的位置支放安装,为了固定模板,防止在浇筑过程中发生模板错位,需要沿线每隔50~100cm位置布设斜撑。模板的拼装必须平顺紧密,且与基层的接触位置不出现缝隙,否则需要采用砂浆进行密封处理。施工现场需要准备充足的模板,其备用数量不宜少于3天的路面摊铺所需;且模板的安装进度宜与混凝土路面的浇筑进度保持一致。为了便于后续的拆模工序,在浇筑路面混凝土前,可在模板侧壁涂抹柴油、废机油、石灰水等润滑剂或者铺上一层农用塑料膜,以降低模板与路面混凝土的黏结性。

5.1.6 雨季施工

路面施工过程中出现的雨天天气,可能会导致混凝土原材料的物理性能发生改变,影响混凝土的预期性能。此外,雨季施工还可能会导致路面表层浆体被雨水冲刷,造成路面结构后期过早发生露骨等病害。因此在雨季进行水泥混凝土路面的施工时需要做好以下的工作:

(1)提前与当地气象部门取得联系,或者提前关注天气预报,掌握天气变化;也可以询问当地居民,根据经验判断是否开展施工。尽量避免在雨天季节施工,当遇到天气突变情况,需要及时调整施工计划。

(2)为了减小降雨对混凝土材料性能的影响,生产混凝土的砂石等材料应尽量避免露天堆放。对于不具备条件的施工场地,需要通过支设雨棚或雨布进行遮盖。堆料场地的标高应高于周围场地,且应做必要的硬化处理。堆料场地周围要设计排水设施,以保持堆料场地的干燥,避免混凝土原材料的含水量发生过大的波动而影响到路面的正常施工。

(3)如果在施工过程中遭到突然降雨,对尚未铺设完毕的混凝土路段应及时铺完,完成后马上停工。对于刚铺筑的混凝土路面,可以用当地的毛竹、木条或塑料布、雨布或油布等材料搭建简易雨棚进行遮雨。待雨停后再继续开展路面的施工。

(4)当施工路段的面层砂浆已经遭受雨水的冲刷作用时,如果新浇路面的冲刷不严重且面积不大,首先应及时进行遮雨处理,然后采用同水灰比及同级配的砂浆进行修补,注意不能采用水泥净浆或者干砂浆进行处理,避免后期路面发生开裂病害;如果雨水冲刷面积较严重或者面积较大,则应待雨停后拆除已浇筑的路面再重新铺设。

5.1.7 夏季施工

夏季施工时,由于环境的温度普遍较高,新浇混凝土路面表面水分蒸发较快,不利于混凝土路面的后续施工工序。以云南地区为例,当地的夏季气温普遍高于20℃,为了保证在夏季路面振捣过程中能够产生厚度为3mm左右的砂浆耐磨层,需要适当地增加混凝土单位用水量。如果无法满足该要求,应该根据实际情况采取以下的措施:

(1)混凝土单位用水的增加用量可以根据试验室提供的数据或者以往的施工经验,估算混凝土从出料到摊铺过程中发生的坍落度损失值,适当增加用水量,调整混凝土的施工配合比。

(2)混凝土搅拌结束后宜尽快完成浇筑工序,以减小高温季节发生的水分散失。当路面混凝土采用商品混凝土时,在运输过程中要做好防止水分散失的措施,并尽快运输至施工场地完成摊铺作业。

(3)水泥混凝土路面摊铺、振捣、抹面等工序宜连续紧凑,尽量缩短各工序之间的时间间隔。

(4)对于高温季节施工的水泥混凝土路面,在路面结构施工完毕后应及时对水泥混凝土路面进行洒水遮盖养护。

5.2 混凝土搅拌与运输

5.2.1 混凝土的搅拌

5.2.1.1 拌和设备配置

水泥混凝土路面的施工速率取决于施工设备,不同的施工速率需要采用不同的混凝土生产速率。当采用滑模、轨道、三辊轴机组摊铺时,混凝土拌和楼的总拌和能力 M 可以按照下式计算得到:

$$M = 60 \times \mu_R \times b_w \times h_L \times V$$

式中:μ_R——混凝土搅拌楼的可靠性系数,取值范围介于1.2~1.5,当搅拌楼的可靠性较高或者混凝土掺用钢纤维、坍落度要求较低时取大值,反之取小值;

b_w——水泥混凝土路面的摊铺宽度;

h_L——混凝土面层松铺时的厚度,当路面采用普通水泥混凝土或者碾压混凝土时,h_L可取为设计厚度的1.10倍或1.15倍;

V——路面混凝土拌合物的摊铺速度,一般不应小于1m/min。

根据农村公路项目所处地的实际情况,水泥混凝土路面可以采用不同的摊铺方式,但是不同摊铺方式所对应的搅拌楼的最小配置容量应满足表5-2的相关要求。一般情况下,每个公路项目需要配备2~3台搅拌楼,但最多不宜超过4台。此外,搅拌楼的品牌与型号应尽可能统一。一般情况下应优先选用间歇式搅拌楼,当条件不具备时也可采用连续式搅拌楼。

第5章 农村公路水泥混凝土路面面层施工

混凝土路面不同摊铺方式的拌和楼最小配置容量(m³/h)　　表5-2

摊铺宽度	滑模摊铺	轨道摊铺	三辊轴机组摊铺	小型机具摊铺
单车道3.75~4.5m	≥100	≥75	≥50	≥25
双车道7.5~9m	≥200	≥150	≥100	≥50
整幅宽≥12.5m	≥300	≥200	—	—

对于每台拌和楼,为了保证生产速率,应至少配备2个水泥罐仓,当混凝土需掺用粉煤灰时,还需至少配备1个粉煤灰罐仓。在施工过程中,当水泥的供应厂家不同时,需要对原仓进行清理再存放原材料,此外,不同厂家的水泥应分仓存放。

5.2.1.2 拌和技术要求

每台拌和楼在投入生产前,必须进行试拌和标定。在标定的有效期到期或拌和楼重新搬迁安装后,应该重新进行标定。施工中拌和楼的计量精确度应每隔15天校验一次。拌和楼配料计量偏差不得超过表5-3的规定。当拌和楼的技术指标无法满足表5-3的要求时,需要对其进行检修,直至满足相关的规定要求。对于装有计算机自动控制系统的拌和楼,应选用自动配料模式生产,在生产过程中需要记录打印拌和楼每批混凝土的配料统计数据与偏差。

拌和楼(机)配料计量允许偏差(%)　　表5-3

项目	水泥	掺合料	钢纤维	细集料	粗集料	水	外加剂
高速公路、一级公路每盘	±1	±1	±2	±2	±2	±1	±1
高速公路、一级公路累计每车	±1	±1	±2	±2	±2	±1	±1
其他等级公路	±2	±2	±2	±3	±3	±2	±2

试拌后,根据拌和物的强度稳定性、均质性和黏聚性的测试结果,确定混凝土的最佳拌和时间。对于单立轴式拌和机,总拌和时间宜介于80~120s,混凝土原材料的纯搅拌时间不应小于40s;对于行星立轴和双卧轴式拌和机,总拌和时间宜介于60~90s,纯搅拌时间不应小于35s;对于连续双卧轴拌和楼,总拌和时间宜介于80~120s,纯搅拌时间不应小于40s。当混凝土需要使用外加剂时,应提前进行稀释,注意外加剂稀释的用水量需要考虑外加剂本身所含的水分,以免影响配合比。当采用间歇拌和楼生产混凝土时,应在生产前确定外加剂的溶液浓度。当采用连续式拌和楼生产混凝土时,外加剂的用量可以采用流量比例来控制。

外加剂溶液加入之前应充分溶解,加入之后与原材料搅拌均匀;外加剂溶液若有沉淀,应每天定时清除一次稀释池中的沉淀物。当混凝土掺用引气剂时,拌和楼每次的搅拌量不应大于额定搅拌量的90%。

粉煤灰等掺合料应采用与水泥相同的输送、计量方式,粉煤灰混凝土的纯搅拌时间应延长10~15s,如果同时还掺用引气剂,应通过试验来适当增大引气剂的掺量,以达到规定的含气量。在水泥混凝土搅拌过程中,拌合物质量检验与控制应符合表5-4的规定,此外,不管在低温季节或高温季节施工,混凝土拌合物的出料温度一般应控制在10~35℃,并应测定原材料温度、拌合物温度、坍落度损失率和凝结时间等指标。拌合物应均匀一致,有生料、干料、离析或外加剂、粉煤灰成团现象的非均质拌合物严禁用于路面摊铺;同一台拌和楼不同盘以及不同拌和楼生产得到的混凝土拌合物的坍落度最大允许偏差应在±10mm以内,拌合物的出料坍落度应为摊铺作业最适宜坍落度与当地气候条件下的坍落度损失值之和。路面混凝土材料应尽量采用机械方式进行拌和,以确保其质量,只有在施工面积小或工作量不大的特殊情况下才允许采用人工搅拌。

混凝土拌合物的质量检验项目和频率　　　　表 5-4

检验项目	检验频率	
	高速、一级公路	其他等级公路
钢纤维体积率	每工班测 2 次,有变化随时测	每工班测 1 次,有变化随时测
含气量	每工班测 2 次,有抗冻要求不少于 3 次	每工班测 1 次,有抗冻要求不少于 3 次
温度、凝结时间、水化发热量	冬、夏季施工,气温最低/最高时,每工班至少测 1~2 次	冬、夏季施工,气温最低/最高时,每工班至少测 1 次
VC 值及压实度、松铺系数	碾压混凝土作复合式路面底层时,检查频率与其他公路相同	每工班测 3~5 次,有变化随时测
水灰比及稳定性	每 5000m³ 抽检 1 次,有变化随时测	
坍落度及均匀性	每工班测 3 次,有变化随时测	
坍落度损失率	开工、气温较高和有变化随时测	
振动黏度系数	试拌、原材料和配合比有变化随时测	
泌水率	必要时测	
表观密度	每工班测 1 次	
离析	随时观察	

5.2.2　混凝土的运输

在混凝土拌合物装车之前,需要确保运输车辆的车厢整洁干净,不含异物,车厢完整不漏浆。之后进行洒水湿润,并排净积水。每天的施工作业结束后需要及时用水清理车厢,防止黏在车厢上的混凝土硬化结块。

混凝土拌合物在运输过程中不能发生分层、离析或漏浆等现象。如果混凝土品质在运输过程中发生改变,需要停止运输,返厂重新搅拌,直至混凝土的相关性能满足施工设计要求。混凝土拌合物的运输应保证到现场后仍具有适宜摊铺的工作性,运抵现场允许的最长时间应满足《公路水泥混凝土路面施工技术细则》(JTG/T F30—2014)的相关要求。为了保证路用混凝土的工作性能,运输过程需要注意以下的问题:

(1)自混凝土搅拌出料后,应尽快运输至施工场地进行浇筑施工,避免在运输过程中出现多次转运。

(2)运输混凝土拌合物的运输车容器应完整干净,容器内不宜含有黏附的硬化块体或异物,且不漏浆、不吸水。运输车的装料量不宜过大,防止运输过程中因颠簸而导致拌合物溢出运输容器。当运输过程遇到高温、扬尘、下雨等天气,需要采用防水土工布或帆布遮盖混凝土拌合物。

(3)运输混凝土拌合物的路线需提前清理平整,保持运输的通畅,避免因运输时间过长而导致混凝土品质发生改变。

(4)混凝土拌合物卸料的自由高度不应大于 2m,否则需要采用挡板辅助卸料,以防混凝土拌合物在摊铺前发生离析。

5.3 面层摊铺整平

5.3.1 摊铺

在混凝土拌合物摊铺之前,应再次核查模板与拉杆是否依照设计文件要求正确安装。基层顶面应基本平整干净,对于局部有破损区域,需要及时进行修补,且面层摊铺之前需要确保基层处于湿润状态。面层摊铺作业需要在现场配置调度人员指挥卸料,以保证摊铺作业的有序进行。混凝土拌合物不宜扎堆卸料,而应均匀分为数个小堆进行卸料,以方便后续的摊铺。当现场混凝土拌合物出现离析现象时,严禁加水搅拌,而应采用铁锹进行多次均匀翻拌。如果采用铁锹送料,不可采用抛掷和耧耙方式,而应采用反扣进行卸料。为了防止模板区域的混凝土硬化后出现空洞蜂窝的现象,需要用铁锹等工具进行充分插捣。

当拌合物采用人工摊铺时,其坍落度应控制在50~200mm,松铺系数一般取为1.10~1.25,取值应随着拌合物干燥程度的增大而增大。混凝土混合料的摊铺高度一般应比设计高度高10mm左右,对于干硬性或半干硬性混凝土,摊铺高度可根据经验适当地减小。当路面的横坡不变时,可以一次性摊铺整幅路面,否则需采取分幅摊铺的方式。当拌合物采用机械摊铺时,为了加快摊铺效率,可以采用两台摊铺机,以前后梯队方式来开展摊铺作业,但注意两台摊铺机施工前后的时间间隔不宜过长。

当摊铺作业因故中止时,如果中止时间不长(如不超过30min),可以采用湿麻布覆盖在混凝土混合料表面,待重新施工再把此处的混合料耙松重新摊铺;如果中止时间过长,需要根据当地的温度条件以及混凝土拌合物的初凝时间,在此处的混凝土做施工缝处理,去除未被振实的混凝土拌合物。

5.3.1.1 混凝土布料

混凝土拌合物摊铺前基层如果偏干,则应该洒水湿润,避免基层吸水造成混凝土面板产生裂缝。运输车应直接将拌合物卸在基层上,如果拌合物发生离析,应及时进行二次搅拌。

根据混凝土的坍落度选择合适的松铺厚度进行松铺。当拌合物的坍落度较大时,混凝土容易被振实,因此松铺厚度应取较小值;当拌合物的坍落度较小时,由于集料的支立作用,拌合物内部空隙较大,混凝土不易被振实,则松铺厚度应取较大值。对于横坡坡度大的路段,高侧的混凝土松铺厚度要比低侧的松铺厚度偏大。

5.3.1.2 滑模摊铺机施工

1)测量挂线

当采用滑模摊铺机进行混凝土路面的摊铺作业时,基准线的正确设置是保证混凝土路面施工质量的前提条件。滑模摊铺机的挂线测量如图5-1所示,路面板的厚度和横坡纵坡等指标取决于基准线的设置,基准线的设置需要注意以下的问题:

(1)待基层验收后需将混凝土路面的边缘点露出,根据边缘点的位置确定合适的基准线支点宽度。基准线支点的宽度不宜过小,以防影响后续的摊铺作业,但也应满足双侧横向支距的要求。在确定摊铺外缘与基准支点的距离后,需要根据实际路面的宽度、摊铺机的尺寸以及交通因素进行必要的调整。注意基准桩的纵向间距不应大于10m，当对平曲线进行加密处理时，最小间距不应小于3m。

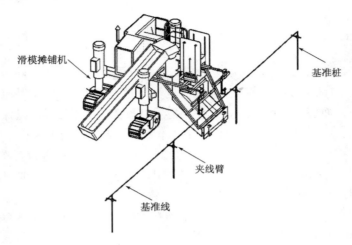

图 5-1 滑模摊铺机挂线测量

（2）在基准桩得到固定后，需要在其上安放夹线臂。夹线臂与基层顶面的垂直距离一般应控制在70mm左右，然后调整夹线臂的夹口与基准桩的距离。

（3）在基准桩两侧放置紧线器，紧线器一般安置在基层顶面，并应定时检查是否松动，之后可布置基准线。为了保证基准线具有足够的张拉力，每侧基准线的长度宜控制在300m左右，基准线的张拉力不应大于1kN。

（4）测量挂线完成后，需要再次检查基准线的高度以及线形，确保其符合相关的规定要求。当摊铺作业发生较长时间的中断（如隔夜施工）时，继续施工前需要重新校核基准桩、夹线臂的高度以及基准线的张拉力。当需要在夜间进行施工时，为了保证基准线不受破坏，需要在基准线的外围设置明显的标志物。

2）摊铺混凝土

在滑模摊铺机的机械状况检查无故障后即可开展摊铺作业，首先在摊铺区域内布设4个高程控制木桩，在滑模机就位后让模板与路缘基准线对齐，以形成完整的基准面，然后调整摊铺机的导向传感器与高程传感器，确保摊铺机对准基准桩。随后即可进行摊铺作业，摊铺作业需要注意以下问题：

（1）接头摊铺：基准面固定后，首先清理接头混凝土路面上的杂物，防止其在摊铺过程中损坏滑模机尾部的浮板，调整滑模板使其紧靠已铺接头路面混凝土的侧面。接头区域摊铺结束后，采用振动器振实混凝土，并配合使用4m长的铝合金直尺在路面搓动，然后在新接口处以挂线标高为基准设立新的侧模和端模，根据设计文件要求安装传力杆，最后采用振动器将混凝土振实并抹平。

（2）胀缝处施工：摊铺之前将胀缝钢筋和胀缝板安放在滑模机前方，并采用钢筋骨架将其固定，然后采用插入振捣器人工振实混凝土。当滑模机行进至胀缝处，应先将L型振动器提起，采用压实板和滑动模板平整路表，以防止胀缝发生错位。在滑模机越过胀缝后将L型振动器调整至原位置，再进行后续的摊铺作业。

(3)安置补强钢筋和桥面摊铺：摊铺之前将补强钢筋安放在滑模机前方，并采用钢筋骨架将其固定，然后采用插入振捣器人工振实混凝土。待摊铺作业结束后，使用方凳来固定挂线钢钎，在混凝土硬化后去除伸缩缝处多余的混凝土。

5.3.1.3 轨道摊铺机施工

相比于滑模摊铺机，轨道摊铺机具有机具结构简单灵活、易操作、可靠性高且易维修、成本低等优点，但也存在轨模安装易产生偏差、路面结构的尺寸与平整度难以精准控制、轨模的数量需求大、安装费时且成本高、模板重复利用率低、人工操作多导致效率较低等不足。因此，轨道摊铺机主要用于一级及以下混凝土路面的施工。

1）设备配置

轨道摊铺机的型号及技术参数需要根据施工路面的车道数以及路面宽度等条件来确定，一般而言，轨道摊铺机的摊铺宽度一般不应小于3.75m，具体的技术参数要求如表5-5所示。

轨道摊铺机的基本技术参数　　　　　表5-5

项　　目	发动机功率(kW)	最大摊铺宽度(m)	摊铺厚度(mm)	摊铺速度(m/min)	整机质量(t)
三车道轨道摊铺机	33~45	11.75~18.3	250~600	1~3	13~38
双车道轨道摊铺机	15~33	7.5~9.0	250~600	1~3	7~13
单车道轨道摊铺机	8~22	3.5~4.5	250~450	1~4	≤7

轨道摊铺机和搅拌机是轨道式摊铺作业最重要的设备，其中轨道摊铺机为第一主导机械，搅拌机为第二主导机械。轨道摊铺机的选型需确保能与搅拌机相互配合，保证路面摊铺作业的施工效率和质量。一般而言，在轨道摊铺机发挥最大效率的前提下，需尽可能少用配套机械。为了配合轨道摊铺机的作业，搅拌机应配设自动计量的供料系统。

2）工作原理

为了在摊铺作业过程中定位路线和提供路面侧面支撑，轨道摊铺机需在基层顶面布设两条轨道模板，并以模板顶面作为路表的基准面，轨道摊铺机在行进过程中完成摊料、振实、成型、整平、刻槽拉毛、养生等施工工序。

摊铺作业过程中，摊铺机需根据计算得到的摊铺厚度将混凝土拌合物均匀摊铺在整个轨模内。根据布料方式的不同，轨道摊铺机一般可分为刮板式、箱式和螺旋式三大类。其中，刮板式摊铺机可沿着轨道方向前后自由运动，刮板通过旋转运动模式将混凝土拌合物朝任意方向进行摊铺，具有质量轻、易操作、运用范围广等优点，但其摊铺能力相对较弱。箱式摊铺机在作业时通过卸料机将拌合物一次性转移至钢制料箱内，然后在行进过程中将拌合物摊铺在基层上，与此同时，料箱做横向运动，确保混凝土拌合物按松铺厚度准确均匀摊平，摊铺能力较强。螺旋式摊铺机可以通过正向和反向旋转的螺旋布料器将混凝土拌合物摊平，摊铺质量优于前两种摊铺机，且摊铺能力较大，是目前最常用的轨道摊铺机。

5.3.2　振捣

对于均匀摊铺的混凝土拌合物，可以采用插入式振捣棒、平板振捣器和振捣夯进行振捣作业。当采用插入式振捣棒施工时，应按梅花状交错进行振捣，振捣时间不宜小于30s，当拌合物停止下沉、表面不再冒泡和泛浆时即可停止振捣，不应过振。在振捣作业过程中，插入式振捣棒的移动距离不应大于50cm,与模板的距离不应大于20cm,但不得触及模板。插入振捣作业结束后需采用平板振捣器进行全面振捣,沿道路纵向方向与横向方向需各振捣一遍,且相邻振捣面积应重叠10~20cm,同一区域的振捣时间不宜小于15s,当振动板底部和边缘出现厚度为3~5mm的泛浆时即可停止。对于振捣中出现缺料的区域需要采用同批次的混凝土拌合物进行找平,严禁使用纯砂浆。平板振捣器作业结束后需要采用振捣夯进一步振实、整平和提浆。振捣夯应置于侧模上,沿着道路方向拖拉振实2~3遍,确保路表均匀平整且泛浆。

摊铺机在前方施工时,可以使用振捣机在摊铺机后方对混凝土拌合物进行整平和捣实。在振捣梁前方应设置一道长度与铺筑宽度相等的复平梁,复平梁对路面密实度和平整度的影响较大,可以纠正摊铺机初平产生的缺陷并确保松铺混凝土拌合物达到正确的高度。复平梁后面设有弧面振动梁,可以将振动荷载传递至道路全幅宽度。混凝土路面的振捣效果主要取决于拌合物的坍落度和集料的粒径,当混凝土拌合物的坍落度小于25mm时,粗集料的最大粒径不应大于40mm;当坍落度小于20mm时,需采用插入式振捣棒振捣路面板边缘,以确保该区域混凝土达到满足要求的密实度与均匀性。振捣施工中,振捣机具的行进速度应控制在0.8m/min左右,可根据混凝土的坍落度进行适当的调整,当混凝土的坍落度较小时,行进速度应适当降低,以确保混凝土拌合物达到设计所需的振实效果。

对于采用轨道摊铺机施工的路面,其振捣方式一般可分为斜插连续拖行与间歇垂直插入两种作业方式。当路面板的厚度大于150mm且混凝土坍落度小于30mm时,必须采插入式振捣。斜插连续拖行的作业速度应介于0.5~1.0m/min,具体取值需由混凝土的坍落度决定;当采用间歇垂直插入方式进行施工时,振捣棒组在混凝土振实后应缓慢拔出,再移动下一作业位置,注意振捣棒组的移动距离不应大于500mm。轨道摊铺机振动梁的作业频率应介于50~100Hz,偏心轴转速介于2500~3500 r/min,提浆厚度应控制在4±1mm。

5.3.3　三辊轴整平

三辊轴整平机属于中档机具,质量较小,但摊铺施工速率较快,具有摊铺、振实和整平的功能,通过自行前后移动,摊平混凝土拌合物,确保混凝土达到满足设计要求的平整度和均匀性。一般情况下,在路面振捣作业完成后,可以使用三辊轴整平。三辊轴的辊轴长应比路面宽度长至少600mm,辊轴的两端支撑在路面两侧模板的顶部。

5.3.3.1　作业单元

三辊轴整平作业需分段进行,作业单元长度一般介于10~30m,如果整平作业单元过短,三辊轴的频繁前后移动不利于混凝土拌合物的整平;如果整平作业单元过长,三辊轴前方高出设计高度的混凝土拌合物会因长距离推移而发生分层离析现象,进而降低混凝土路面的均匀性。此外,当施工现场的环境温度较高时,需要适当缩短三辊轴整平作业单元的长度,但单元的长度不应小于10m,施工时间应控制在20~45min。

5.3.3.2　初平压实与人工找补

三辊轴在整平作业前,需要确保混凝土路面表面大致平整压实,混凝土拌合物不应低于模板的顶面且没有明显的凹陷,防止三辊轴振动提出的稀浆流入凹陷部位。混凝土路面的初平压实作业可以采用平板振捣器,对于路面边缘区域可以改用插入式振捣器。在初平压实过程中需要注意观察路表的平整度情况,必要时进行人工修补,偏高的区域应及时去除多余的拌合物,偏低的区域应采用同批次拌合物进行填补。人工修补过程中,工作人员应在工作架上进行作业,不得随意踩踏混凝土拌合物,影响路面混凝土的均匀性。

5.3.3.3 三辊轴整平机作业

在混凝土路面初平压实后需要及时开展三辊轴整平作业,如果两道工序相隔时间过长,混凝土的坍落度损失过多,会影响路面的整平效果。三辊轴整平作业过程中需要注意以下的问题:

(1)三辊轴整平机的振动轴在作业中会产生偏心振动,容易导致路表出现波浪状的变形,影响路面的平整度。因此三辊轴宜在作业单元内采用前进振动、后退静滚的工作模式,最佳滚压遍数一般为2~3遍,可通过试压来确定。

(2)三辊轴整平机的振动轴在作业过程中应设置合理的高度,振动轴与导轨顶面之间的间隙一般为2mm左右,确保振动轴能整平混凝土拌合物且避免与导轨直接接触。此外,作业过程中需要及时刮除导轨顶部积聚的多余浆体,确保整平轴始终与导轨顶部接触。

(3)三辊轴作业的过程中需配有人工处理三辊轴前的混凝土拌合物摊铺情况,当混凝土拌合物堆积过多时,需要人工及时铲除;当混凝土拌合物偏少时,需要人工添加同批次拌合物进行找平。

(4)三辊轴整平机的振动作用较强,在作业过程中导轨可能会出现松动的现象,因此需定时检查导轨的连接情况,一旦发生松动,应及时校核加固,以免影响整平施工的质量。

(5)三辊轴的振动滚压工序结束后应提升振动轴,然后采用甩浆轴抛浆整平,最后采用整平轴前后静滚4~8遍,具体的遍数需根据工程实践确定,以保证路面的平整性和均匀性满足设计要求。

5.3.4 精平饰面

水泥混凝土路面经三辊轴整平后,接下来需要进行精平饰面工序。混凝土面层的精平饰面一般采用抹面机施工,根据实际条件往返2~3遍压浆后再抹面。抹面工序结束后采用抹刀去除面层残余的痕迹,最后用刮尺沿纵向和横向方向各进行一遍精平饰面,确保混凝土面层无任何抹面痕迹,达到路面平整度的相关要求。精平饰面的作业时间应控制不超过路面铺筑完毕允许的最长时间。

5.4 抗滑构造施工

水泥混凝土路面表面的抗滑构造会影响道路行车安全以及路面后期养护维修决策。为了保障农村公路水泥混凝土的服役性能,需对其做必要的抗滑处理,常见的水泥混凝土路面抗滑构造方式有刻槽法、制毛法、槽毛结合法、表面除浆法和表面提浆法。

5.4.1 刻槽法

刻槽法是水泥混凝土路面宏观构造处理运用较为广泛的方法,刻槽法大体上可分为三大类:塑性拉槽、塑性压滚槽和硬性刻槽。

塑性拉槽是利用钢或硬塑料制成的梳状齿耙在路面上拉动成槽,塑性压滚槽则是利用压槽辊压或滚出抗滑槽,这两类刻槽方法统称为塑性刻槽,目前塑性刻槽通常的做法是在水泥混凝土路面完成抹光作业后,待混凝土凝结后再进行刻槽处理。硬性刻槽是指在混凝土达到一定强度(通常为40%抗压强度以上)后再采用金刚石刀片进行刻槽,以防刻槽出现掉边的现象。

农村公路水泥混凝土路面的宏观抗滑构造可以采用刻槽法。构造槽的走向一般可采用纵向、横向和斜向方式进行刻槽,具体如图5-2所示。一般而言,纵向刻槽的侧向力系数大,安全性高,噪声小,但是在有大纵坡的情况下,纵向刻槽的路面摩擦性能略显不足,且明流排水速度较慢;横向刻槽则与纵向刻槽相反。斜向刻槽的特征介于纵向刻槽与横向刻槽之间;混凝土路面的刻槽施工应根据实际需求选择合适的刻槽方式。路面的刻槽一般可以采用矩形槽,深度宜为3~4mm,宽度宜为3~5mm,槽间距宜为12~25mm。对于冬季可能会结冰的路面,可以采用上宽6mm且下宽为3mm的梯形槽或者半径为3mm的半圆形槽。

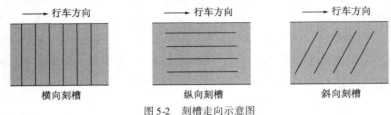

图5-2 刻槽走向示意图

图5-3为香格里拉尼西乡新阳村通畅工程西归段水泥混凝土面层的抗滑处理所采用的刻槽设备及抗滑构造处理情况。该工程采用大型和小型两种类型的刻槽机,其中大型刻槽机每次可刻18条槽,小型刻槽机每次可刻出13条槽。路面刻槽的深度约为2mm,槽间距约为20mm。路面的刻槽作业一般在路面浇筑10天后进行,此时水泥混凝土强度约为设计强度的80%。施工前需先清理路表的杂质异物,然后采用墨斗弹线,确定刻槽机的行走路径,刻槽过程中需要用水冲洗施工部位,以降低刻槽刀的温度以及清洗槽坑的沉积物。

由于水泥混凝土的强度较高,硬刻槽的工作量较大,相应地建设成本有所增加,以宽度为4m的路面为例,每公里水泥混凝土路面因抹光和刻槽作业增加的成本约为3万~4万元。

5.4.2 制毛法

制毛法也是水泥混凝土路面表面抗滑构造处理一种常用的方法,可分为横向制毛和纵向制毛两大类。总体而言,纵向制毛法能更有效地提高行车舒适性和降低噪声,在路面施工中运用较广泛。根据施工工艺的不同,制毛法也可分为拉毛法和凿毛法,二者的施工特点具体如下:

(1)拉毛法是指在路面混凝土初凝之前采用扫把、刷子等工具进行抗滑构造处理,拉毛时需要保持纹理的均匀顺直且纹理深度适当。拉毛法可以在一定程度上改善路面的平整度,但是经拉毛处理后的路表密实度较差,易疏松剥落,无法保证路面的耐磨性。

(2)凿毛法是指人工采用小凿在混凝土路表进行表面构造处理,该方法施工工艺简单,经处理后的路表抗滑性能较好,但是工作量较大。凿毛法在西欧国家运用较为普遍,荷兰在采用凿毛机进行路表抗滑构造处理方面积累了30多年的经验。工程实践表明,凿毛法不仅可以降低工程成本,还可重复使用,不会影响路表的平整度,降低交通事故的发生率,具有良好的社会与经济效益。但需注意的是,在凿毛法施工过程中,凿刻力度不宜过大,以防路表混凝土发生松动或破碎,影响路面的服役性能。

a)面层抗滑处理的小型刻槽机　　b)面层抗滑处理的大型刻槽机

c)面层的抗滑处理

图 5-3　农村公路混凝土路面的刻槽设备及抗滑构造处理

5.4.3　槽毛结合法

槽毛结合法是指综合采用纵向拉毛和横向刻槽方法来完成混凝土路面的抗滑构造处理。纵向拉毛和横向刻槽的抗滑原理不同,各有优点。槽毛结合法能够发挥二者的优点,使混凝土路面的平整度以及抗滑性能均处于较优状态,目前在国内外开始得到推广运用。例如,英国在水泥混凝土试验路段采用了槽毛结合法,该试验路段下层为190mm厚的连续配筋混凝土,集料的最大粒径为40mm;上层为60mm厚的引气混凝土,集料的最大粒径为20mm。路面上下层采用湿接形式形成整体。该路段表面的抗滑构造施工具体为:使用整平机整平上层引气混凝土,然后采用刷面抹布进行拉毛处理,最后采用弹性钢齿沿道路横向方向拖拉成槽。施工所用钢齿宽约3mm,厚约0.8mm,可在路表随机压出深度为1~2mm的槽坑,槽间距介于12~19mm,槽坑的随机分布可以减小车辆的振动以及降低行车噪声。

5.4.4　表面除浆(露石)法

表面除浆法是指通过在新浇混凝土路表喷洒缓凝剂抑制表面往下数毫米区域混凝土的凝结,待面层下部混凝土硬化后再清除路表区域的砂浆,使混凝土中的集料裸露于路表,因此该方法也称为露石法。根据除浆方法的不同可以分为以下三大类:

（1）刷子除浆法：该方法采用刷子在混凝土处于半硬状态时去除砂浆，在欧洲运用较为普遍。

（2）喷射除浆法：该方法采用喷射砂砾或铁粒方法在混凝土处于半硬性状态时去除砂浆。

（3）切削除浆法：该方法采用机械切削方式去除已经硬化的水泥混凝土路表的砂浆，其施工得到的槽深约为5mm，在日本得到成功的运用。

5.4.5 集料嵌入法

集料嵌入法是指在已经经过整平振实但尚未硬化的水泥混凝土路面表层均匀地撒布耐磨光的集料，然后将其嵌挤入路表，仅留部分裸露，通过集料形成的凹凸状表层来提高混凝土路面的抗滑性能。一般而言，集料嵌入法所选用的集料应质地坚硬洁净且具有明显的棱角，施工前需对集料进行洒水保湿，以提高集料与混凝土面层的黏结性能。施工过程中的集料撒布主要有人工撒布和撒布机机械撒布两种方式，目前主要采用撒布机进行集料的撒布。相比于刻槽法，集料嵌入法允许面层混凝土材料采用易磨光的集料而不影响路面的抗滑性能，且路面行车噪声要低于横向刻槽法。

5.4.6 表面提浆法

表面提浆法是云南玉溪交通局提出一种简易解决混凝土表面抗滑能力的施工方法。云南紫外线较强，采用混凝土施工精平饰面后再刻槽的方法，不仅会增加施工成本，行车过程中还会因光滑路表的镜面反射造成炫目感，从而影响行车的安全性。通过不断探索和改进，云南玉溪交通局发现，当水泥混凝土的强度等级高于C30时，表面提浆工艺能在路表形成不规则的纹理，从而有效解决路面抗滑问题，且路表的抗滑性能衰减速度较慢。表面提浆法施工控制简单，操作方便，不需要额外投入太多设备，其现场施工过程如图5-4所示，待已振捣压实的水泥混凝土路面表层微干后，将直径为100mm的钢管支在两侧的模板顶面，两侧各由一人来回推动钢管提浆，直至表面构造深度达到设计要求。表面提浆完后的硬化水泥混凝土路面表面状况如图5-5所示。当地已有的工程经验表明，表面提浆法可以节省表面抹光和刻槽的费用，此外，因提浆法形成的不规则纹理，能显著提高路面的抗滑性能，并有效减小炫目感，进而明显提高道路行车的安全性。

图5-4　水泥混凝土路面现场滚动提浆施工

图5-5　提浆施工后的水泥混凝土路面

5.5 接 缝 施 工

5.5.1 新板切缝

对于新建水泥混凝土路面,如果一次施工摊铺宽度小于面层与加硬路肩的总宽度,则应按相关规范要求设计纵向施工缝。如果摊铺作业中止时间大于30min或者隔天摊铺作业,则应在相应位置设计横向施工缝。水泥混凝土面层的缩缝应在面层混凝土浇筑养护到一定强度后再采用切缝机进行切割,水泥混凝土切缝应准确控制好时间,如果切缝时间过早,面层混凝土强度较低,可能会影响到切缝的质量,产生掉边现象;如果切缝时间过晚,路面板会产生不规则的裂缝。面层混凝土的切缝需严格按照设计的位置、深度以及形状来施工,切缝深度一般为面层混凝土厚度的1/3~1/4。

图 5-6 为香格里拉尼西乡新阳村通畅工程西归段试验路段混凝土面层切缝采用的切割机与相应的施工操作。该路段面层混凝土采用小型切割机进行切缝作业,切缝时间为面层混凝土浇筑后第3天,切缝的间距为5m,切缝深度为路面板厚度的1/4。切缝前先弹墨线,以指引

a)面层接缝的切割机

b)面层的切缝

c)面层切缝的效果

图 5-6 切缝操作及设备

切缝机切割方向。切缝工作至少需要安排两个施工人员,一人负责操作切缝机,另一人负责洒水冷却切刀。现场施工情况表明,在该时刻进行切缝作业,面层混凝土主体没有产生开裂,且切缝处也没有缺角断边的现象,总体施工效果良好。

5.5.2 接缝

5.5.2.1 纵向施工缝

纵向施工缝可以采用拉杆的平缝形式,当路面结构采用滑模摊铺施工时,可以利用滑模摊铺机的侧向拉杆装置将拉杆插入设计的位置;当路面结构采用固定模板施工时,拉杆可采取人工方式在振实过程中通过模板侧边的预留孔插入设计的位置。

当浇筑新的一幅面层混凝土时,应先在凹槽壁涂抹一层沥青,接着在槽上部嵌好压缝板,然后再进行路面混凝土的浇筑。凸榫模板的拆除应注意保护企口特别是凹槽上部的混凝土,以防造成损伤,影响施工缝的质量。

5.5.2.2 横向施工缝

在水泥混凝土路面施工中一般采用端头钢模板来设置横向施工缝,并将施工缝和胀缝合为一道缝。如果无法重合,横向施工缝应采用设螺纹传力杆的企口缝形式,并在施工缝处进行切缝和灌缝处理。当路面混凝土隔天浇筑时,必须设置横向施工缝,且横向施工缝应设置在胀缝或缩缝处,当设置在胀缝处时,横向施工缝采用胀缝形式;当设置在缩缝处时,横向施工缝采用平缝加传力杆形式。

5.5.2.3 横向缩缝

横向缩缝通常设置在垂直于道路中线的位置,且缩缝之间的距离相等。目前一般采用压缝方式或在混凝土硬化后采用切锯方式来设置横向缩缝。对于切锯的横向缩缝,其深度一般为面层厚度的 1/3~1/4,宽度介于 3~8mm,横向缩缝的槽口内应填充缩缝填料。如果采用二次切锯法施工,需先采用薄锯片将面层切割至一定深度,再采用厚锯片浅切割,浅槽口的深度一般为 20mm,宽度介于 6~10mm,然后采用条带填塞浅槽口,最后往槽口内填充填缝料。

环境温度是影响混凝土强度发展的一个重要因素,不同施工环境下混凝土的切缝时间可参考表 5-6。

切缝参考时间   表 5-6

昼夜平均温度(℃)	常规切缝时间(h)	真空脱水作业时间(h)
5	40~50	40~45
10	30~45	25~30
15	22~26	18~32
20	18~21	12~15
25	15~18	8~11
30	13~15	5~7

5.5.2.4 横向胀缝

胀缝一般设置在道路与桥梁等结构物的交接位置,且沿着道路的横断面全部断开。胀缝的数量应根据结构物的膨胀变形大小来确定,胀缝的宽度一般介于 20～25mm,需保证混凝土面层发生膨胀后仍有一定的缝隙。对于普通水泥混凝土路面,胀缝内一般应设有补强钢筋支架、传力杆以及胀缝板。传力杆需沿着平行路面中心线的方向布设。传力杆经顶头木模固定后再进行混凝土的浇筑。当传力杆发生错位时应及时校正。待混凝土硬化后,在胀缝板切割两条线,其宽度与胀缝的宽度相同,然后凿除两条线之间的混凝土,再进行胀缝填料的施工。

5.5.3 填缝

水泥混凝土路面应在干燥状态下进行填缝作业,即路面擦不出水分、泥浆或灰尘时即可进行填缝施工。在填缝之前应将多孔橡胶条等材料填塞缝底,然后再添加填缝料,填缝料应满足相关规范的技术要求,灌缝应饱满、均匀、厚度一致且连续贯通。水泥混凝土路面缩缝和胀缝的填缝施工特点具体如下:

(1)缩缝填缝根据填缝材料的不同,可以分为常温填缝和加热填缝两大类。其中,常温填缝是指使用常温聚(氨)酯、氯丁橡胶类、硅树脂类、沥青橡胶类等填缝料,按设计比例将两组分材料搅拌均匀后使用,常温填缝料需随配随用,在配置完后应尽快使用施工;加热填缝是指将沥青类、聚氯乙烯胶泥类、改性沥青类等材料作为填缝料,将其加热至规定的温度融化填缝料,然后搅拌均匀,在保温条件下进行填缝施工。

(2)胀缝填缝施工前需凿除接缝板顶部嵌入的木条,涂抹粘结剂后再灌入合适的填缝料或嵌入胀缝专用的多孔橡胶条。当胀缝的宽度不均、出现啃边或掉角时,必须进行填缝处理。胀缝填料宜采用变形能力较好的材料,而不能采用密实型材料,以防止填缝材料在高温条件下被挤出或低温条件下收缩成槽。

5.6 面 层 养 生

对于新浇水泥混凝土路面,当混凝土的强度发展至 25% 的设计强度时即可进行拆模。路面板拆模时应先拆卸模板的支撑和铁杆,然后再拆模板,在此过程中可以轻敲模板使模板与混凝土面层分离,但切忌用力过急过猛,以防给路面混凝土造成损伤。图 5-7 为某路面工程拆模后混凝土面层情况,总体而言,边缘面层混凝土较为密实,没有出现明显的孔洞,但是由于个别区域基层的平整度不是很理想,导致混凝土面层厚度波动较大,与设计厚度偏差达 10mm,这会影响到该区域混凝土路面板后期的承载能力。

新浇水泥混凝土路面拆模后需及时根据施工条件选择合适的养生方式,确保水泥混凝土的强度发展至设计强度。对于早龄期混凝土,外部环境较干燥且缺乏养生措施时,路面板表面很容易因水分散失而发生干燥收缩,导致路面板出现微裂纹和裂缝,进而影响其强度的发挥。因此,在实际工程中,对于拆模后的水泥混凝土面层,一般需要进行为期 7d 的湿养生,以确保路面混凝土强度的正常发展。一般情况下,可以在混凝土面层覆盖土工布,然后在土工布上低

a) 新建路面板拆模后板边情况

b) 板厚约为15cm(合格)

c) 板厚约为14cm(不合格)

图 5-7 拆模后路面板的厚度检测

压浇水或喷洒雾状水。在缺水的施工条件下，可先喷洒养生水，然后覆盖节水保湿薄膜，当混凝土的强度达到设计强度的80%以上时即可停止养生。在水源充足的条件下，也可以采用水浸法，即用黏土或其他材料在路面板四周围成土堰，然后往土堰内灌水浸没混凝土面层，土堰中的水深一般应介于50～80mm，养生时间可根据混凝土强度随龄期的增长规律来确定。对于一般水泥混凝土路面，待混凝土强度达到设计强度的40%后，可以允许行人通行，但是开放交通需待面层混凝土强度达到其设计强度。

图 5-8 为香格里拉尼西乡新阳村通畅工程西归段试验路段的面层养生情况，在面层混凝土拆模后洒水，并覆盖塑料薄膜连续养生3d，养生用水为山上的饮用水，每天至少洒水一次。

图 5-8 新建水泥混凝土面层的养生

5.7 质量检验与服役期评价

5.7.1 施工后的质量检验

水泥混凝土路面施工完成后,需按现行规范的相关要求进行检验和评定,检测的指标及要求如表 5-7 所示。

各级公路混凝土路面铺筑质量要求　　　　表 5-7

项次	检查项目		允许值	
			高速公路、一般公路	其他公路
1	弯拉强度(MPa)		100% 符合施工技术规范附录 A.1 的规定	
2	板厚(mm)		代表值 ≥ −5;极值 ≥ −10;c_v 值符合设计规定	
3	平整度	σ(mm)	≤1.2	≤1.2
		IRI(m/km)	≤2.0	≤3.2
		3m 直尺最大间隙 Δh(mm)	—	≤5
4	抗滑构造深度(mm)	一般路段	0.7~1.10	0.5~1.0
		特殊路段	0.8~1.2	0.6~1.1
5	相邻板高差(mm)		≤2	≤3
6	接缝顺直度(mm)		≤10	
7	中线平面偏位(mm)		≤20	
8	路面宽度(mm)		±20	
9	纵断高程(mm)		±10	±15
10	横坡度(%)		±0.15	±0.25

注:1. 路面钻芯劈裂强度应换算为实际面板弯拉强度进行质量评定。
　　2. 特殊路段是指高速公路、一级公路的立交、平交、变速车道等;其他公路是指急弯、陡坡、交叉口或集镇附近。

5.7.2 服役期间的质量评价

除了施工后的质量检验,还需要对水泥混凝土路面服役期间的质量进行检测,评估其服役性能,为路面的维修养护决策提供依据。下面以普洱市思茅区磨思二级路至锣锅田公路水泥混凝土路面改建工程为例介绍服役期间的质量评价内容与方法。

5.7.2.1 现场概况

普洱市思茅区磨思二级路至锣锅田公路水泥混凝土路面改建工程全长 6.15km,路基宽 4.5m,路面宽 3.5m,起于普洱市磨思二级公路右侧 G213 K2652+600 处,止于锣锅田村委会。路面结构形式为:在路基上铺筑 20~30cm 的未筛分碎石,然后铺筑厚度为 16cm 的水泥混凝土路面。面层混凝土采用 C30 混凝土,设计弯拉强度为 4.5MPa。路面未筛分碎石顶面弯沉代表值为 130(1/100mm)。

用于对比的常规平面尺寸水泥混凝土路面结构选在普洱市思茅区下寨村水泥混凝土路面改建工程,面层混凝土的设计厚度为20cm,实际厚度为23cm,其余结构层与上述改建工程相同。

5.7.2.2 试验方法

水泥混凝土路面的承载能力采用承载板试验进行测试,对于直径为30cm的承载板,其测试所需的破坏荷载过大,现场测试条件无法加载至破坏荷载。因此改用尺寸为18cm×15cm的矩形千斤顶底座作为承载板。

1)测试设备

(1)满载的双轴重型货车:总重超过70t,在汽车双后轴之后约80cm处附设一根加劲横梁作反力架。

(2)千斤顶:标定的千斤顶,底面尺寸为18cm×15cm刚性承载板,最大荷载为50t,板厚大小20mm。

(3)路面弯沉仪:前后臂分别为3.6m、1.8m的加长弯沉仪,包含百分表及表架。

(4)其他辅助工:抹平用的石英细砂、粉笔,千斤顶加载手柄、加载架等。

2)承载能力的加载与试验步骤:

(1)现场试验地点选择在路面结构组合以及弯沉基本相当的路段(注意混凝土面层的尺寸和厚度不同),以板角作为最不利破坏的位置进行加载,加载的水泥混凝土板块平面尺寸分别为1.5m×1.5m,1.0m×1.0m及6m×4m,板块厚度分别如表5-8所示。

(2)在局部不平整或凹陷处,用细砂抹平,使千斤顶底面与水泥混凝土面板紧密接触。

(3)千斤顶两侧各安放一支弯沉架,弯沉架的一端安装百分表,记录变形值。

(4)先施加1t的荷载,稳压2min后再按5t的荷载梯度逐级加载,直到路面板产生开裂。

(5)试验结束后,在断板上钻取3个试件,测量混凝土面板的实际厚度及混凝土的强度。

不同平面尺寸及厚度条件下水泥混凝土路面板承载能力试验结果　　　　表5-8

序号	平面尺寸 (m×m)	厚度 (cm)	钻孔试件劈裂强度 (MPa)	破坏荷载 (t)	破坏变形 (1/100mm)	备注
1	1.0×1.0	15.0	4.73	33	203	产生沿约45°压剪破坏
2	6.0×4.0	23.0	4.80	30	284	从27t逐渐加载到30t时产生脆断
3	1.5×1.5	16.0	4.59	25	183	混凝土板切缝深度不足,断板裂缝贯穿切缝
4	1.0×1.0	23.0	4.80	—	—	混凝土板良好,远未达到破坏
5	1.5×1.5	16.0	4.59	31	192	混凝土板产生斜向断板后再次断板

5.7.2.3 试验结果与分析

不同荷载作用下承压板竖向变形的测试结果如图5-9所示。由图5-9可以看到,加载前期水泥混凝土路面板的竖向变形随着荷载的增大而呈线性增长趋势,之后竖向位移急剧增大,水泥混凝土路面板发生断板或开裂现象。不同路面板承载能力测试结果总结如表5-8所示。

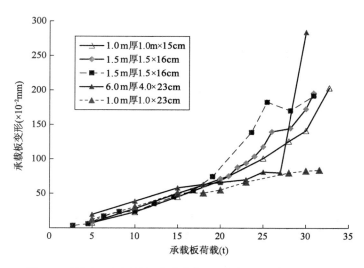

图 5-9　不同平面尺寸混凝土板荷载作用下的变形及承载力试验结果

基于表 5-8 的测试结果可以看出,减小水泥混凝土路面板的平面尺寸是提高路面结构承载能力的一个有效途径,在相同承载力要求下,小尺寸的路面板块所需的厚度较小。例如,1.5m×1.5m×16cm 路面板的承载能力与 6.0m×4.0m×23cm 路面板的承载能力基本相当,1.0m×1.0m×15cm 路面板的承载能力略大于 1.5m×1.5m×16cm 路面板的承载能力。

第6章 水泥混凝土路面的养护及维修

农村公路水泥混凝土路面投入使用后将会承受交通车辆荷载以及环境温湿度等因素的耦合作用,导致水泥混凝土路面的服役性能逐渐衰减,最终发生损坏而退出工作。因此,在水泥混凝土路面服役期间针对水泥混凝土路面的服役现状采取合适的养护及维修措施是非常有必要的,这对阻止路面性能的加速退化、保持路面结构的使用寿命以及改善行车的安全性和舒适性具有重要的意义。下文将结合我国的实际情况介绍水泥混凝土路面的养护与维修经验。

6.1 水泥混凝土路面养护

农村地区需要结合自身的发展情况以及现代化公路养护管理体系的要求,做好水泥混凝土路面预防性和经常性的养护工作,确保当地的水泥混凝土路面维持良好的服役水平。

6.1.1 路面的清扫保洁

汽车在水泥混凝土路面上行驶时可能会将灰尘、泥土、石子等硬质物质带入路面内,灰尘和泥土在下雨天会降低车轮与路面的摩擦力,削弱路面的抗滑性能;石子等硬质杂物在快速移动车轮的作用下,可能会损坏路面结构,当其嵌入接缝内,会降低接缝的服役功能,甚至可能会造成飞石伤车伤人事故。因此,对水泥混凝土路面开展经常性的清扫保洁工作非常重要,对保持路容路貌、保护沿线环境、保证行车的安全性以及维持路面结构的服役状态均具有重要的意义。水泥混凝土路面的清扫保洁工作范围包括行车道、人行道、中央分隔带、隧道、桥梁伸缩缝、交通标志等。

水泥混凝土路面的清扫保洁方法一般可以分为人工清扫保洁、机械清扫保洁和人工结合机械清扫保洁三大类,养护作业过程中可以根据水泥混凝土路面的实际情况选择合适的清扫保洁方式。无论采取何种清扫保洁方式,均需避开交通量的高峰时段,可利用清晨或夜晚进行作业,避免影响道路交通的正常运转。

6.1.1.1 高速及高等级公路的路面清扫保洁

对于高速公路、一级公路和交通繁忙的其他等级公路,水泥混凝土路面的清扫保洁一般采用机械作业为主、人工作业为辅,以确保水泥混凝土路面得到彻底的清洁。当采用机械作业时,清扫距离一般介于 20~40 km,具体需根据清扫机械的功率、行驶速度、道路状况以及垃圾量等因素来确定;清扫保洁的频率需要根据道路的交通量、污染程度以及当地环保要求来确定。人工清扫保洁主要是为了辅助机械作业,在机械清扫保洁前,需先人工清扫道路内的大块垃圾杂物。对于机械无法清扫的行车道部位、人行道、道路附属设施的清扫保洁,也需采取人工作业方式。

6.1.1.2 低交通量道路的路面清扫保洁

对于二级和二级以下的水泥混凝土路面,其交通量较小,一般可以采用人工清扫保洁方式,如果清扫保洁机械齐全,也可采用机械作业方式。当采用人工作业时,需根据不同路段的污染情况制定清扫保洁计划,确定清扫范围与次数。作业过程中,工作人员应身着安全标志服,并时刻注意道路上的交通状况,确保生命安全。对于交通量较大、污染较快的城市近郊区、不同路段的连接处、平交道口以及对清扫保洁作业有特殊要求的路段,需要适当地增加工作人员的数量和清扫保洁的次数。

6.1.1.3 沿线交通安全基础设备的清扫保洁

水泥混凝土道路沿线的交通标志牌、示警桩、轮廓标和防撞栏等基础设施也需要进行定期的清扫保洁。对于交通基础设施局部脱落、破损的区域需要采用相同的材料进行修复或更换,以保证其服役功能。对于交通标志牌和护栏,一般可采用洗涤剂进行刷洗,然后再采用清水将洗涤剂冲掉,防止引起基础设施的锈蚀破坏。

6.1.1.4 水泥混凝土路面的油渍、化学品污染的清除

当水泥混凝土路面被油渍、化学品污染时,需要及时将其清理干净。对于一般性污染,可以选择在非交通高峰期进行清洗。对于突发事故造成的油类污染,需及时进行清洁处理。清除过程中采用的作业速度、喷水压力和用水量需预先通过试验确定。此外,冬季清洗作业应避免在零度以下进行。对于油渍类污染,当污染面积较大时,需及时撒砂处理,防止行车发生滑溜事故,然后在非交通高峰期用水冲洗干净。对于化学品类污染,必须采用合适的中和剂进行处理后再用水冲洗干净。

6.1.2 接缝养护及填缝料更换

接缝是水泥混凝土路面的薄弱环节,其运营期间的养护质量也是影响路面结构使用性能和服役寿命的决定性因素。

6.1.2.1 接缝养护的基本要求

接缝养护作业过程中需要及时清扫路表的杂物和异物以及落入接缝内的硬质杂物,防止水泥混凝土路面板在环境中因受热膨胀而导致接缝结构或者路面板主体结构发生损害。此外,应检查并确保混凝土路面的排水系统通畅且接缝结构完好无明显损坏,防止外部积聚的水分经由接缝结构进入路面结构的基层,出现车辆荷载作用下的唧泥或板底脱空等病害。应保持填缝材料饱满密实,与接缝结构黏结牢固平顺,不渗水。

6.1.2.2 填缝材料的基本技术性能

为了保证水泥混凝土路面接缝的服役质量,所选用的填缝材料应具备以下的技术性能:

(1)填缝材料与水泥混凝土材料具有良好的黏结性能。

(2)填缝材料具有良好的变形能力,能适应水泥混凝土路面板的反复热胀冷缩作用而不会发生疲劳破坏。

(3)填缝材料具有良好的温度稳定性,即在高温条件下填缝材料不会融化溢出接缝结构,在低温条件下具有一定的延伸变形能力,不会发生脆性断裂。

6.1.2.3 填缝材料的分类与生产

填缝材料根据生产条件的差异可以分为加热型填缝材料和常温型填缝材料。

加热型填缝材料主要包括聚氯乙烯胶泥、橡胶沥青和丁苯橡胶沥青。其中,聚氯乙烯胶泥主要是由煤焦油、聚氯乙烯树脂、增塑剂、填充料和稳定剂等材料按照一定的配合比生产得到;煤焦油主要是为了溶解其他成分,增强填缝材料与水泥混凝土的黏结性能,聚氯乙烯树脂的使用是为了提高填缝材料的固化成型能力。

常温型填缝材料主要包括聚氨酯焦油类和聚氨酯类两种类型材料。其中,聚氨酯焦油类填缝材料由聚氨基甲酸酯(A组分)、煤焦油及填充料(B组分)双组份材料组成。A和B组分材料在常温下为流动状的黏稠液体,便于搅拌均匀,固化后具有抗磨、抗油、抗腐蚀和耐热等特征。聚氨酯类填缝材料主要由多异氰酸酯和多羟基化合物组成,不含煤焦油成分,其填缝时间一般应在当地气温居中时段,并按生产厂家的施工要求进行填缝作业。

6.1.2.4 填缝材料的修补更换与施工工艺

填缝材料的养护工作可以分为日常性修补和周期性更换。日常性修补指的是在填缝材料发生局部剥落和缺失时,及时采用相同的填缝材料进行填补,其作业较为频繁。周期性更换指的是当填缝材料丧失服役性能后,应彻底清除接缝结构的填缝材料,然后填灌新的填缝材料。填缝材料的更换周期取决于填缝材料的性质和施工质量以及混凝土路面的载荷状态。目前我国水泥混凝土填缝材料的使用寿命一般为3年左右。填缝材料的更换施工工艺主要包括以下的流程:

(1)准备好填缝材料与填缝机具,根据路面结构的接缝尺寸信息,计算确定填缝材料的用量,然后在现场根据厂家提供的配比配制填缝材料;检查确保清缝机、灌缝机以及人工作业的辅助工具齐全且工作正常。

(2)人工或者采用清缝机清理接缝结构内的硬质杂物、污泥、灰尘,防止异物影响填缝料与水泥混凝土的黏结性能。

(3)人工或者采用灌缝机往接缝内灌入填缝材料,当作业环境温度较高时,灌缝料的灌注高度应与路表齐平;当作业环境温度较低时,灌注高度应略低于路表。灌缝过程中多余流淌到路表的灌缝材料应及时清除。

(4)待灌缝料凝固后,清理干净接缝两侧洒落的灌缝料、泥浆等材料。

6.1.3 路面冬季养护

对于冬季可能会遭受冰冻作用的水泥混凝土路面,路面积聚的冰雪会降低路面的摩擦性能,增加路面发生交通事故的概率。此外,外部的冻融作用会削弱路面混凝土的工作性能,缩短其服役寿命。因此,对冬季水泥混凝土路面采用必要的养护是保障行车安全和路面使用寿命的有效途径。

6.1.3.1 冬季水泥混凝土路面的养护要求

混凝土冬季养护工作需要重点关注路基和路面板的养护。对于路基结构,应检查确保路面的排水系统通畅,使冰雪融化水能排出路基外,从而避免冰雪融化水长期的积聚和渗入路基。对于水泥混凝土路面板,需要对坡道、弯道等关键部位进行除冰和防滑处理。

6.1.3.2 冬季水泥混凝土路面的养护方法与工艺

目前水泥混凝土路面除冰雪方法主要有机械清理、化学处理、路面加热和减小冰雪与路面的黏着力。其中,机械清理和化学处理是运用较成熟且操作简单的方法。冬季水泥混凝土路面的养护方法与工艺总结如下:

(1)冬季水泥混凝土路面的养护工作应根据气象资料和交通情况制定合理的除冰除雪作业计划。平时应注意加强与气象部门的联系,广泛收集总结气象资料,及时作出冬季养护方案。

(2)冬季路面除冰雪前需针对相关的作业机具组织驾驶和操作培训,以提高冬季养护作业的质量和效率。

(3)冬季除雪工作应及时,可在冰雪天气刚停止、未形成大量堆积之前开展相关的作业,防止路表积雪碾压成冰,增加作业难度和增大行车危险性。

(4)冬季除雪作业受温度因素影响较大,当户外温度在零度以下时,除雪作业宜在10:00~14:00期间开展。机械除雪后要及时撒融雪剂,防止水泥混凝土受冻;对于温度较低的路段,需要适当增大融雪剂的用量。水泥混凝土路面的融雪剂包括氯化钠、氯化钙、氯化镁、异丙醇、乙二醇、磷酸盐化合物等,目前运用较普遍的是氯化钠和氯化钙。

(5)冬季水泥混凝土路面撒融雪剂时需注意尽量避免融雪剂对防护栏的腐蚀、对周围绿化植被以及环境的污染。

(6)冬季水泥混凝土路面除冰过程中应尽量避免对路面结构造成损伤。对于除冰作业较困难的区域,需要以防滑处理作业为主。

(7)在水泥混凝土路面除冰雪期间,需要制定合理的巡视计划,及时将融化的冰雪水和路表的残余物清理干净。

6.1.4 病害的临时处理

水泥混凝土路面一旦发生病害,后续的病害将会呈指数型增长趋势,从而加剧水泥混凝土的损伤破坏。为了保障水泥混凝土路面的服役性能,在日常养护工作中,可针对不同的病害采取临时性处理措施,避免路面病害的进一步恶化。针对水泥混凝土路面不同的病害,采取不同的临时处理方法和施工工艺。

6.1.4.1 裂缝

针对路面板的开裂特征可以选用不同的处理措施,对于表面裂缝、贯穿但仍满足路面板强度和稳定性要求的裂缝,可以采用聚氨酯类、橡胶类、沥青类胶黏剂来封闭裂缝;对于贯穿且造成路面板强度不足的裂缝,可以采用环氧树脂类、酚醛和改性酚醛树脂类胶黏剂来封闭裂缝。裂缝封闭的主要流程为:采用铁钩、吸尘器等工具清理路面板裂缝内的灰尘与杂物;根据裂缝的实际情况配制合适的封缝材料;灌缝前在裂缝周围撒滑石粉或者砂子,防止封缝材料的污染;人工或者采用灌缝机等机具将封缝材料灌入裂缝内;待封缝料冷却硬化后清理施工现场。

6.1.4.2 坑槽

当搅拌混凝土所用的集料含泥量较高、混凝土中掺有泥块、朽木等杂物或路面结构振捣不到位或路面结构遭受硬质杂物的冲击时,水泥混凝土路面板在服役期间可能出现坑槽病害。

对于坑槽病害,一般可以通过填充沥青混凝土、沥青冷补材料、高强度水泥砂浆等材料来临时处理坑槽,填充前需将坑槽内松动的混凝土块以及异质杂物清理干净。

6.1.4.3 沉陷

当水泥混凝土路面的路基承载力不足时,路基的过大变形会导致水泥混凝土路面板发生沉陷病害。当沉陷变形较小时,可以采用摊铺细粒式沥青混凝土的方法来临时处理;当沉陷变形较大时,可以采用摊铺粗粒式沥青混凝土的方法来临时处理。

6.1.4.4 断板

当水泥混凝土路面的强度不足以抵抗外部荷载作用时,可能会出现断板病害。对于无变形的断板,可以采用填缝料来封闭断板的裂缝;对于有变形的断板,一般情况下需要采用沥青混凝土进行临时处理,以确保行车的安全性。

6.1.4.5 板角破损

板角处的脱空容易导致路面板在行车荷载作用下发生板角破损病害。对于无变形的板角破损,可以采用封缝法进行临时处理;对于有明显变形的板角破损,可加铺沥青混凝土或沥青冷补材料补平。

6.2 水泥混凝土路面维修

6.2.1 水泥混凝土路面破损维修

6.2.1.1 裂缝维修

开裂是水泥混凝土路面服役期间常见的病害之一。路面板开裂的原因有很多,包括路基的承载力不足、路基发生不均匀沉降、接缝设计或施工不当、混凝土面层的厚度不足或者平整度较差、面层混凝土的质量不合格等。为了有效解决水泥混凝土路面的开裂问题,需要准确分析裂缝的产生原因,然后据此采用合适的材料与方法来修复裂缝病害。目前水泥混凝土路面裂缝病害的维修方法主要有扩缝灌浆法、直接灌浆法、全深度补块法。

(1)扩缝灌浆法主要适用于宽度小于 3mm 表面裂缝的维修,其施工方法为:采用冲击电钻沿着裂缝的方向将裂缝开口扩宽成 15~20mm 的沟槽,沟槽的深度需根据裂缝深度确定,但最大不宜超过路面板厚度的 2/3;清除沟槽内的混凝土碎屑,并采用压缩空气吹净灰尘,然后填入粒径为 3~6mm 的洁净石屑;按配合比要求配制灌缝材料,搅拌均匀后装入灌浆器内完成灌缝作业;采用红外线灯或 60w 灯泡照射加热灌缝材料,温度控制在 50~60℃,使其强度得以快速增长,持续加热 1~2h 即可开放交通。

(2)直接灌浆法主要适用于宽度大于 3mm 且没有碎裂裂缝的维修,其施工方法为:清除裂缝内的泥土、灰尘等杂质,并确保裂缝内部干燥无水;在裂缝附近以及裂缝内壁均匀涂刷厚度为 0.3±0.1mm 的聚氨酯底胶层;将环氧树脂与固化剂按照设计的配合比用量混合,搅拌均匀后直接灌入裂缝内,养护 2~4h 后即可开放交通。

(3)当水泥混凝土路面板的开裂较严重,裂缝宽度达到 15mm 以上时,此时宜采用全深度补块法进行维修。全深度补块法可以细分为集料嵌锁法、刨挖法和设置传力杆法。

①集料嵌锁法主要用于素混凝土路面板的裂缝维修,其施工方法为:沿着需要维修路面板平行于横向缩缝方向划线,采用切割机在全深度补块板外侧4cm处切割出50mm深的缝;使用风镐破碎并清除旧混凝土碎块,并将全深锯口和50mm深锯口之间的混凝土凿成毛面;整平基层,如果基层强度低于规范要求,需要补强再整平,当基层破坏较严重,可采用C15贫混凝土填平;根据原路面混凝土材料的配合比搅拌新的混凝土拌合物,将搅拌均匀的混凝土拌合物摊铺在补块区域内,然后振捣压实;浇筑后的混凝土面层标高应与相邻混凝土面层标高相等,且混凝土补块的抗滑构造与原路面相同;采用合适剂量的养护剂养护补块混凝土,待混凝土发展至合适的强度后进行接缝处理;最后待补块混凝土达到其通车强度后即可开放交通。

②刨挖法主要适用于接缝间传荷能力很差的混凝土路面破损维修,该方法需在相邻板块横边下方暗挖15cm×15cm区域用于荷载传递。

③设置传力杆方法主要适用于天气寒冷以及承受重型交通荷载的水泥混凝土路面的破损维修,该方法在处理完基层后安设传力杆和拉杆,如果原路面的拉杆在施工中被折断,需采用原尺寸相同的钢筋焊接,最后再浇筑混凝土板块。

6.2.1.2 板边与板角维修

板边与板角破损断裂也是水泥混凝土路面常见的病害之一,导致水泥混凝土路面板发生板边与板角破碎断裂的原因包括:水分经接缝渗入基层,在行车荷载作用下发生唧泥现象,路面板与基层脱空导致板边和板角区域的应力大于其弯拉强度;接缝处荷载传递能力不足或者传力杆失效;接缝处嵌入硬质杂物,当混凝土面层受热膨胀的约束应力大于其强度等。

对于板边的剥落病害,如果剥落较轻微,可以先清理混凝土碎块,然后采用灌缝材料补填,最后修复平整;如果剥落较严重,需采用切割机切除剥落区域,然后采用风镐凿除损坏混凝土,采用压缩空气清除混凝土碎屑,最后支模浇筑混凝土修补材料,采用养护剂进行养生,待混凝土强度达到通车强度时开放交通。

对于板角断裂病害,需要根据断裂面的大小确定切割范围并放样,采用切割机切缝,用风镐凿除破损部位,施工工程中需要注意不能切断原有的钢筋,如果传力杆发生滑动,需要在新旧混凝土之间加设传力杆;然后浇筑混凝土,并待其硬化后进行切缝处理,最后待其达到通车强度后开放交通。

6.2.1.3 错台维修

水泥混凝土路面一旦发生错台病害,轻则影响行车的舒适性,重则危及行车的安全。水泥混凝土路面在服役期间发生错台病害的原因包括:基层碾压不实,导致其强度不足;跨基发生不均匀沉降或者路基发生大面积沉陷;路表积水渗入基层,导致路面板在行车荷载下产生泵吸现象;传力杆和拉杆设置不合理。

根据错台发生的轻重程度,可以选用磨平法或填补法进行修复。当错台病害较轻微,错台的高度不超过10mm时,可以采用磨平机磨平或者人工磨平,其施工方法为:从错台最高点开始向四周呈扩散状进行磨边,用3m直尺找平,直到相邻的板块齐平;磨平后清除接缝内的杂物和尘土,并填入嵌缝材料。当错台病害较严重,高度超过10mm时,需要采用沥青砂或水泥混凝土进行维修。沥青砂填补法不宜在冬季使用,其施工工艺为:清除路表的杂物和灰尘,然后在路表喷洒$0.4 \sim 0.6 \ kg/m^2$的热沥青或乳化沥青;摊铺沥青砂,摊铺过程中控制纵坡的变化在1%以内;然后采用轮胎压路机压实沥青砂;待沥青砂冷却后即可开放交通。水泥混凝土的施工工艺为:使用风镐将错台下沉板凿除20～30mm,采用压缩空气清除路表的杂物;根据材料配合比要求搅拌聚合物细石混凝土,搅拌均匀后浇筑;最后待混凝土达到通车强度后即可开放交通。

6.2.1.4 沉陷维修

沉陷是水泥混凝土路面结构严重的病害之一,会导致路面板发生严重的破碎。引起路面结构沉陷的原因主要包括:路面基层的稳定性和强度不足,导致路面板产生不均匀下沉;路面排水系统设计不当,导致路表水分渗入基层,降低基层的强度和稳定性。

目前一般采用面板顶升法来维修路面板的沉陷病害,其主要施工工艺为:在距离下沉处50m外的地方架设水准仪测量路面板的下沉量,绘制其纵断面图并确定路面板所需的提升距离;采用起重设备或千斤顶顶升路面板,采用水泥砂浆经由灌浆孔进行灌浆作业;每个灌浆孔的灌浆作业结束后,采用木楔堵塞灌浆孔,待整个灌浆流程结束后拔出木楔,采用高强水泥砂浆封堵灌浆孔;压浆材料的抗压强度达到6MPa时即可开放交通。

6.2.1.5 拱起维修

水泥混凝土路面板的拱起病害产生的原因主要包括:非高温季节施工时胀缝设置距离偏大;服役期间胀缝因硬质杂物的嵌入而发生失效;夏季连续高温导致路面板块发生过大的热膨胀变形。

水泥混凝土路面板拱起的维修措施需要根据病害的轻重程度采取合适的方法。对于路面板的轻微拱起,其维修工艺为:采用切缝机或其他机具切碎拱起板块间横缝内的硬质杂物;使用压缩空气吹净缝内的灰尘和石屑,将路面板块恢复至原位,及时灌入填缝材料。对于路面板的严重拱起,其维修工艺为:当路面板仍完好时,根据拱起程度计算多余板的长度,然后将拱起板两侧附近1～2条横缝切宽;待路面板内的应力充分释放后切除拱起端部,使板块逐渐复位,清除接缝内的灰尘、碎屑等杂物,并灌入填缝材料。

6.2.1.6 坑洞维修

水泥混凝土路面板的坑洞病害需要根据病害的严重程度及分布方式选择合适的修补措施。对于存在个别坑洞的水泥混凝土路面板,其维修方法为:采用人工或机械方式将坑洞凿成矩形槽;使用压缩空气吹净槽内的混凝土碎屑和灰尘;使用沾水后的海绵块湿润开挖槽,但注意槽内不得有积水;采用高强度水泥砂浆填补开挖槽,使其平整密实。

对于存在多个坑洞且连成一片的水泥混凝土路面板,当其面积小于20m²时,可以采用罩面方法进行维修,其施工方法为:确定修补区域的大小,区域的长宽边宜与路面中心线平行或垂直;采用切割机沿着修补区域的边线切割出50～70mm深的槽,使用风镐清除混凝土碎块并平整凿毛槽底;使用压缩空气清除槽内的碎屑和灰尘;按照配合比要求配制混凝土填补料,宜添加早强剂来保证混凝土强度的快速发展;将混凝土填补料灌入槽内摊铺振实,使修补板与原路面平齐;在修补板表面喷洒养护剂进行养生;待混凝土达到通车强度后即可开放交通。

对于存在大面积成片坑洞(面积大于20m²,深度为40mm)的水泥混凝土路面板,可以采用浅层结合式表面修复法或沥青混凝土罩面法进行维修。浅层结合式表面修复法的施工方法为:确定坑洞连片水泥混凝土路面板的修补区域大小,使用风镐将该区域20～30mm深度的混凝土凿除,并清除修补区域的碎屑和灰尘;用水湿润修补区域,注意不得有积水,然后涂刷黏结剂;将与原路面材料同配合比的混凝土拌合物灌入修补区域,然后摊铺振捣密实;使用压纹器在修补区域路表压出深度为3mm的压纹;在修补区域路表喷洒养护剂进行养护;待混凝土发展至通车强度即可开放交通。沥青混凝土罩面法的施工方法为:确定坑洞连片水泥混凝土路面板的修补区域大小,使用风镐将该区域20~30mm深度的混凝土凿除,并清除修补区域的碎屑和灰尘;在修补区域的侧壁和底部喷洒$0.4\sim0.6kg/m^2$的黏层沥青;往修补区域灌入沥青混凝土并碾压、振实、整平;待沥青混凝土冷却后即可开放交通。

6.2.1.7 接缝维修

水泥混凝土路面板的接缝病害产生的原因主要包括:接缝材料的老化、脱落与溢出;垫料的老化、脱落;接缝结构不合理;硬质杂物嵌入接缝等。水泥混凝土路面板的接缝病害需要根据病害的具体特征选择合适的修补措施。

对于路面板纵向接缝张开的情况,当相邻板块的横向位移、纵向接缝张开宽度小于10mm时,宜采用聚氯乙烯胶泥、焦油类填缝料和橡胶沥青等加热施工填缝料进行维修;当相邻板块的横向位移、纵向接缝张开宽度介于10~15mm时,宜采用聚氨酯类常温施工式填缝料进行维修;当纵向接缝的张开宽度介于15~30mm时,宜采用沥青砂进行维修;当纵向接缝的张开宽度达到30mm以上时,宜在纵缝两侧横向切锯开槽,槽间距为600mm,宽度为50mm,深度为70mm,然后布设直径为12mm的螺纹钢筋耙钉,旧混凝土路面内的耙钉弯钩长度为70mm,最后采用与原路面同配比的水泥混凝土拌合物填补凿开区域。

对于接缝板边出现碎裂的情况,应使用切割机在路面板破碎部位的外缘切割出规则区域,然后清除区域内的混凝土碎块、灰尘等杂质,并保持区域内的干燥状态,最后灌入满足规范要求的高模量补强材料,待修补材料发展至通车强度后即可开放交通。

6.2.2 水泥混凝土路面板块修复与表面功能修复

6.2.2.1 整板块的翻修

对于服役期间的水泥混凝土路面板,当由于设计、施工、环境、交通荷载等原因而产生严重的破碎和沉陷等病害,且集中在同一板块时,采用正常的养护手段无法解决病害,此时应对整个路面板块进行翻修,以恢复其使用功能。水泥混凝土路面整板块的翻修流程如下:

(1)清除混凝土碎块:使用风镐或液压镐凿除破损的混凝土板块,但应尽可能保留原有的传力杆和拉杆(施工中损坏松动的传力杆和拉杆,需要重新布设),清除施工场地的混凝土碎块。

(2)基层修补:基层应根据其损坏程度采用合适的修补方法。当基层损坏厚度小于80mm,可以直接整平压实基层,然后在基层上方浇筑与原路面材料强度相同的水泥混凝土;当基层损坏较严重,损坏厚度大于200mm时,应分层处理基层,使用的材料应满足《公路路面基层施工技术规范》(JTG/T F20—2015)的相关规定。基层与混凝土面层之间应喷洒$0.5 kg/m^2$乳化沥青防水层。

(3)排水处理:对于需要翻修的水泥混凝土路面板,如果路面结构的排水状况不良,需要在路面的边缘和路肩区域设置必要的纵向排水系统和横向排水系统。

(4)水泥混凝土路面板的翻修:翻修水泥混凝土路面板所用的材料应结合道路通车要求选择合适的材料,一般宜选用强度快速增长型混凝土材料。混凝土搅拌机具应安排在施工现场附近,可采用翻斗车运输搅拌好的混凝土拌合物。混凝土拌合物可均匀分为数堆,直接卸料在基层上方,然后使用铁锹摊铺拌合物,拌合物的松铺系数一般控制在1.1左右或者根据试验确定具体数值。待混凝土硬化后使用切缝机进行切缝处理,切缝深度一般取为路面板厚度的1/2,切缝时间可通过试验来确定或者取表5-6提供的经验时间。在面板抹平后喷洒养护剂进行路面板的养护,养护剂用量不少于350 g/m²,且应均匀喷洒;洒水然后覆盖草帘或麻袋方法也是一种可行的养护方法,为了保证路面板处于潮湿养生状态,每天应洒水2~3次。在混凝土达到切缝强度后即可进行切缝填料作业。待混凝土发展至通车强度后即可开放交通。

6.2.2.2 部分路段的修复

对于服役期间的水泥混凝土路面板,当由于设计、施工、环境、交通荷载等原因而发生部分路段损坏且对行车安全造成严重威胁时,此时应对水泥混凝土部分路段进行修复,以恢复其使用功能。水泥混凝土路面部分路段的修复流程如下:

(1)修复前的准备工作:调研总结该部分路段水泥混凝土损坏的原因,据此制定合理的修复方法;编制水泥混凝土路面分路段的修复施工组织,对资料、人员、机械、材料、工艺等做细致的安排。

(2)旧混凝土路面的清除:使用风镐破碎水泥混凝土板块,当有旧板重复利用的需求时,可以将路面板块破碎成30cm×30cm的矩形小板块;也可以采用液压镐进行路面板块的破碎,注意破碎时液压镐的落点间距宜控制在30cm左右。待路面板块全部破碎后,应及时将其运输至指定地点堆放或加以利用。

(3)基层的处理:可以采用二灰碎石混合料作为基层材料。其中,石灰应采用Ⅰ级以上的生石灰或者消石灰,其技术指标应满足表6-1的相关要求;粉煤灰的比表面积宜大于2500cm²/g,烧失量不应超过20%,SiO_2、Al_2O_3和Fe_2O_3的总含量应大于70%;二灰碎石混合料所用的集料最大粒径不应大于40mm,级配曲线应符合表6-2的相关要求。根据水泥混凝土路面的道路等级,二灰碎石混合料的强度应满足表6-3的最低强度要求。在浇筑面层混凝土前,应在路面基层上喷洒1.0kg/m²的沥青作为下封层。

石灰的技术指标　　　　表6-1

指标 类别 项目	钙质生石灰		镁质生石灰		钙质消石灰		镁质消石灰					
	等级											
	Ⅰ	Ⅱ	Ⅲ	Ⅳ	Ⅴ	Ⅵ	Ⅶ	Ⅷ	Ⅸ	Ⅹ	Ⅺ	Ⅻ
有效钙加氧化镁含量最小值(%)	85	80	70	80	75	65	65	60	55	60	55	50
未消化残渣含量最大值(5mm圆孔筛的筛余,%)	7	11	17	10	14	20						
含水率(%)≤							4	4	4	4	4	4
细度 0.71mm方孔筛的筛余(%)≤							0	1	1	0	1	1
细度 0.25mm方孔筛的累计筛余(%)≤							13	20	20	13	20	20
钙镁石灰的分类界限,氧化镁含量9%	≤5			>5			≤4			>4		

注:硅、铝、镁氧化物含量之和大于5%的生石灰,有效钙加氧化镁含量指标,Ⅰ等级≥75%、Ⅱ等级≥70%、Ⅲ等级≥60%;未消化残渣含量指标与镁质生石灰指标相同。

第6章 水泥混凝土路面的养护及维修

二灰碎石混合料的颗粒组成范围　　表6-2

编　号		1	2(砂砾)	3(碎石)
通过筛孔的质量百分率(%)	40mm	100		
	30mm	90~100	100	100
	20mm	60~85	90~100	85~100
	10mm	50~70	55~80	60~80
	5mm	40~60	40~65	30~50
	2mm	27~47	28~50	15~30
	1mm	20~40	20~40	
	0.5mm	10~30	10~30	10~30
	0.075mm	0~15	0~10	0~10

二灰碎石的强度标准　　表6-3

公路等级结构层	二级和二级以下公路	高速和一级公路
基层	≥0.6	≥0.8
底基层	≥0.5	≥0.5

(4) 传力杆的布设：在新旧路面板交界附近旧混凝土路面板1/2厚度的位置钻取φ28mm×250mm的水平孔，孔间距为300mm；使用压缩空气清除孔内的混凝土碎片和灰尘；在旧混凝土板侧边涂刷沥青，然后将高强砂浆注入孔内；将φ25mm×450mm光圆钢筋插入孔内。当施工过程中拉杆发生损坏时，需要在原拉杆位置补齐拉杆构件，其施工方法类似于传力杆的布设，拉杆孔的尺寸为φ18mm×350mm，且宜采用φ14mm×700mm螺纹钢筋作为拉杆。

(5) 面层水泥混凝土原材料的选用：水泥应采用高强、收缩小、抗磨性和抗冻性能好的品种水泥。对于普通路面，可采用硅酸盐水泥或普通硅酸盐水泥，且强度等级不低于42.5级，高速公路应采用52.5级以上的硅酸盐水泥；混凝土所用的粗集料应采用质地坚硬碎(砾)石，最大粒径不宜超过40mm，其级配曲线和技术指标应满足表6-4的相关要求；细集料应采用坚硬洁净、细度模数大于2.5的粗砂、中砂，其级配曲线和技术指标应满足表6-5的相关要求；拌和水宜采用饮用水，也可采用非饮用水作为拌和水，但应检验其水质，确保拌和水满足表4-16的质量要求；减水剂、缓凝剂、早强剂、引气剂等外加剂使用及其剂量需根据试配结果来确定；当面层混凝土需要配筋时，钢筋品种与规格应根据路面结构的设计要求来确定，所用的钢筋应顺直，表面不应有裂缝、油污、锈蚀。

碎石的技术要求　　表6-4

项　目		技　术　要　求			
颗粒级配	筛孔尺寸(mm)(圆孔筛)	40	20	10	5
	累计筛余量(%)	0~5	30~65	75~90	95~100
强度	石料饱水抗压强度与混凝土设计抗压强度比(%)	≥200			
	石料强度分级	≥3级			
	针片状颗粒含量(%)	≤15			

续上表

项 目	技术要求
硫化物及硫酸盐含量（折算为 SO_3）(%)	≤1
泥土杂物含量（冲洗法）(%)	≤1

注：材料强度分级，应符合《公路工程石料试验规定》的规定。

砂的技术要求　　表6-5

项 目			技 术 要 求					
颗粒级配	筛孔尺寸(mm)		方孔				圆孔	
			0.16	0.315	0.63	1.25	2.50	5.0
	累计筛余量(%)	Ⅰ区	100~90	95~80	85~71	65~35	35~5	10~0
		Ⅱ区	100~90	92~70	70~41	50~10	25~0	10~0
		Ⅲ区	100~90	85~55	40~16	25~10	15~0	10~0
泥土杂物含量（冲洗法）(%)			≤3					
硫化物和硫酸盐含量（折算为 SO_3）(%)			≤1					
有机物质含量（比色法）			颜色不应深于标准溶液的颜色					
其他杂物			不得混有石灰、煤渣、草根等其他杂物					

注：1. Ⅰ区砂基本属于粗砂；Ⅱ区砂属于中砂和一部分偏粗的细砂，颗粒适中，级配最好；Ⅲ区砂属于细砂和一部分偏细的中砂。

2. 有机物质含量标准溶液的配制方法：取2g鞣酸粉溶解于98mL的10%酒精溶液中即得所需的鞣酸溶液，然后取该溶液2.5mL注入97.5mL浓度为3%的氢氧化钠溶液中，加塞后剧烈摇动，静置24h即得标准溶液。

（6）面层混凝土的浇筑：在面层混凝土浇筑前完成支模工作，面层混凝土的模板宜采用钢模板，模板的高度与面层的厚度相同。面层混凝土的浇筑可采用真空吸水工艺，操作要求可参考《水泥混凝土路面施工及验收规范（GBJ 97—87）》。

（7）混凝土路面板的整平：当路面板需要填补找平时，应采用碎（砾）石较细的混凝土拌合物，严禁使用纯砂浆进行填补找平。在整平作业过程中，可以先用振动梁整平，然后使用滚筒做进一步整平。对存在拱起的路段，应采用路拱成型板进行整平，成型板表面应平整洁净。

（8）混凝土路面的抹面：抹面作业不应在暴晒或者干旱状态下开展，抹面前需先修补掉边缺角部位，然后找平，待混凝土表面无泌水后再做二次抹平，确保路表平整密实。注意抹面过程中严禁向路表洒水或撒水泥。抹面作业结束后可进行拉毛或刻槽作业，拉毛和刻槽的深度应介于 1~2mm。

（9）接缝施工：胀缝传力杆可采用顶头木模法或支架固定法进行安装，传力杆的活动端可交错布置，固定后的传力杆应与路面中心线平行，误差不应大于5mm。缩缝可以采用切缝法或压缝法进行施工，高速公路必须采用切缝法。切缝作业一般在混凝土强度达到设计强度的25%~30%时进行，切缝深度宜为路面板厚度的1/4，切缝过程中注意用水冷却刀片，切缝后应尽快灌浇填缝料。当采用压缝法施工时，在面层抹面结束后立即使用振动压缝刀进行压缝，待压入固定的深度提出压缝刀，再使用原浆修平缝槽；最后放入铁制嵌条再次修平缝槽，在混凝土终凝前取出嵌缝条即可形成缝槽。

(10)纵缝施工:混凝土路面板修复路段的纵向接缝可以采用平缝或企口缝。对于平缝型纵缝,应在面层板侧壁涂刷沥青,但沥青不可涂在拉杆上,浇筑相邻板块时需要将纵缝上部压至设计的深度以形成缝槽;对于企口缝型纵缝,同样应在面层板侧壁涂刷沥青,浇筑相邻板块时宜先浇注路面板凹榫一侧,且靠缝壁浇注。纵缝的拉杆应采用螺纹钢筋,且设置在面板板厚中心位置。

(11)填缝施工:混凝土路面板修复路段的填缝可以采用灌入法进行施工,施工前需确保缝内的干燥洁净,填缝料的灌注深度宜介于 30~40mm,必要时可填入多孔柔性衬底材料辅助填缝作业。

(12)路面板的养生:混凝土路面板修复路段可以采用洒水湿养或喷洒薄膜养护剂进行养生。对于洒水湿养作业,每天需均匀洒水并覆盖草袋或草帘,以保持路表潮湿的状态。对于昼夜温差较大的地区,需要做好路面的保暖措施。养护期间应禁止一切车辆通行,当混凝土强度达到设计强度的40%可以允许行人通行。对于喷洒薄膜养护剂作业,当路表在指压下无明显痕迹时即可开展作业,养护剂的用量应确保喷洒厚度能形成薄膜,用量控制在 $350g/m^2$ 以上,养护剂喷洒 3d 内禁止行人和车辆通行,以保证薄膜的完整性。混凝土路面板的拆模时间应根据当地的气候环境以及混凝土的强度发展规律综合确定,对于普通水泥混凝土路面,其经验拆模时间可参考表6-6。拆模过程中敲击不可用力过猛,应尽量保持面层结构的完整性,避免出现缺边掉角的现象。

混凝土板允许拆模时间　　　　表6-6

昼夜平均气温(℃)	允许拆模时间(h)	昼夜平均气温(℃)	允许拆模时间(h)
5	72	20	30
10	48	25	24
15	36	≥30	18

注:1. 允许拆模时间,自混凝土成型后至开始拆模时计算。
　　2. 使用矿渣水泥,拆模时间延长 50%~100%。

6.2.2.3 表面功能的恢复

一般情况下,水泥混凝土路面在服役通车 3~5 年后,路表会出现磨光和露骨等病害,特别对于集料耐磨性能较差、混凝土强度不高的路面结构,该类病害更为明显,严重影响路面行车的安全性和舒适性。为了恢复水泥混凝土路面的表面功能,通常可采用薄层水泥砂浆罩面法或刻槽法进行恢复。

(1)当路面板出现局部露骨病害时,可以采用薄层水泥砂浆罩面法,其施工工艺为:使用风镐凿除路面板露骨区域,凿除深度一般为50mm;清除路表的混凝土碎屑和松块,使用高压水冲洗面板毛面,最后使用压缩空气清除路表的水分;在路表毛面涂刷界面黏结剂,黏结剂应具有良好的黏结性能,确保新铺砂浆与原路面混凝土紧密连接,黏结强度通过试验方法来确定;在路面板修补区域支模板,按配合比设计要求搅拌快速修补型砂浆,最后完成薄层水泥砂浆的浇筑。

(2)当弯道、陡坡等路段的混凝土面层出现磨光病害时,可以采用刻槽法来修复水泥混凝土路面的表面构造功能,防止雨天车胎出现打滑现象。通常采用自行式刻槽机进行刻槽作业,防滑槽可在路面纵向或横向方向进行刻制,纵向刻槽可以有效防止车辆横向滑动和横风造成的交通事故,横向刻槽可以有效缩短刹车距离,适用于陡坡、交叉路口等路段的施工。路表刻槽应从路表高处向低处逐渐推进,通过导向轨来控制作业的方向,刻槽的深度和宽度一般控制在 3~6mm,槽间距一般控制在 19~50mm。

参 考 文 献

[1] 中华人民共和国国家统计局.2010年第六次全国人口普查主要数据公报(第1号)[J].中国计划生育学,2011,19(8):511-512.
[2] 中华人民共和国交通部.县际及农村公路改造工程管理办法[Z].2003.
[3] 国务院办公厅.国务院办公厅关于印发农村公路管理养护体制改革方案的通知[Z].2005.
[4] 国务院办公厅.全国农村公路建设规划[Z].2005.
[5] 中华人民共和国交通运输部.2016年交通运输行业发展统计公报[J].交通财会,2017(5):92-97.
[6] 中华人民共和国交通运输部.农村公路建设标准指导意见[Z].2004.
[7] 袁宜洛,张宜洛.农村公路路面结构与路基标准探讨[J].公路与汽运,2012(4):130-132+154.
[8] 中华人民共和国地方标准.甘肃省农村公路工程技术标准[S].甘肃省公路局,2006.
[9] 黑龙江省交通厅.黑龙江省通县乡公路建设主要技术政策[Z].2009.
[10] 重庆市交通运输厅.重庆市农村公路施工简易手册[Z].2011.
[11] 吉林省新农村办.吉林省乡村公路工程技术标准[J].吉林农业,2014(17):25-29.
[12] 四川省交通厅公路规划勘察设计研究院.低交通量公路路面典型结构设计指南[M].成都:西南交通大学出版社,2011.
[13] 英国运输研究院.沥青路面结构设计指南[M].北京:人民交通出版社,1998.
[14] 袁承栋.低交通量道路典型路面结构的研究[D].南京:东南大学,2005.
[15] Hansen K D,Guice L K. Roller compacted concrete Ⅱ[M]. ASCE,1988.
[16] 王慧.云南省高原山区农村公路路基路面典型结构研究[D].西安:长安大学,2010.
[17] 日本道路协会.日本碾压混凝土路面技术指南(草案)[S].陕西省交通厅西安公路研究所,1992.
[18] 赵桂娟.低交通量道路技术标准与路面结构研究[D].西安:长安大学,2005.
[19] 吴永芳.农村公路路面结构类型[M].昆明:云南大学出版社,2007.
[20] 姚祖康.水泥混凝土路面设计[M].合肥:安徽科学技术出版社,1999.
[21] 王秉纲,郑木莲.水泥混凝土路面设计与施工[M].北京:人民交通出版社,2004.
[22] 黄晓明,朱湘.沥青路面设计[M].沥青路面设计,2002.
[23] 孙立军.沥青路面结构行为学[M].上海:同济大学出版社,2013.
[24] 冷廷,毛学功,王慧,等.国内外农村公路路面典型结构[J].筑路机械与施工机械化,2009,26(7):18-21+8.
[25] 中华人民共和国交通运输部.2015年高速公路里程[EB/OL]. http://xxgk.mot.gov.cn/jigou/zhghs/201704/t20170419_2976622.html.

[26] 江苏省交通厅公路局.公路水泥混凝土路面养护技术规范:JTJ 073.1—2001[S].北京:人民交通出版社股份有限公司,2017.
[27] 金志强.水泥混凝土路面养护维修手册[M].北京:人民交通出版社,2003.
[28] 方福森.路面工程[M].北京:人民交通出版社,2000.
[29] 黄晓明,李昶,马涛.路基路面工程.[M].3版.南京:东南大学出版社,2016.
[30] 陈浩.非均匀弹性地基上板的弯曲[D].西安:西安建筑科技大学,2012.
[31] 魏亚.水泥混凝土路面板湿度翘曲形成机理及变形计算[J].工程力学,2012,29(11):266-271.
[32] 黄真珅.广义文克尔地基上四边自由矩形薄板弯曲问题的Galerkin解[D].西安:西安建筑科技大学,2014.
[33] 朱照宏.路面力学计算[M].北京:人民交通出版社,1985.
[34] 邓学钧,陈荣生.刚性路面设计[M].北京:人民交通出版社,1990.
[35] 王凯.层状弹性体系的力学分析与计算[M].北京:科学出版社,2009.
[36] 黄仰贤.路面分析与设计[M].北京:人民交通出版,1998.
[37] 中交公路规划设计院有限公司.公路水泥混凝土路面设计规范:JTG D40—2011[S].北京:人民交通出版社,2011.
[38] ACI Committee. Comittee 325. 10R-95. Report on Roller-Compacted Concrete Pavements[R].2001.
[39] National Research Council,Farrell F B. Connecticut Highway Maintenance Profuxtion Study[R].1952.
[40] ASTM. Standard testmethod for nonrepetitive static plate load tests of soils and flexible pavement components, for use in evaluation and design of airport and highway pavements[S].2004.
[41] Cable J K. Low volume Portland cement concrete pavement performance evaluation and rehabilitation strategy selection[R]. University of Illinois at Urbana-Champaign,1994.
[42] Portland Cement Association. Subgrades and subbases for concrete pavements[S]. PCA,Skokie,IL,USA,1971.
[43] ACI (American Concrete Institute). Standard practice for selecting proportions for normal,heavyweight,andmass concrete[S].1991.
[44] ASTM C78/C78M-16. Standard Test Method for Flexural Strength of Concrete (Using Simple Beam with Third-Point Loading)[S].2016.
[45] Zollinger D G. Background for development of mechanistic based design procedure for jointed concrete pavements[R]. Transportation Research Laboratory,Department of Civil Engineering,Engineering Experiment Station,University of Illinois at Urbana-Champaign,1989.
[46] ACI Committee 209. Guide formodeling and calculating shrinkage and creep in hardened concrete[R]. ACI 209.2 R-08,2008.
[47] McCullough B F,Rasmussen R O. Fast-track paving: concrete temperature control and traffic opening criteria for bonded concrete overlays, volume I. United States[S]. Federal Highway

Administration. Office of Infrastructure Research and Development,1999.

[48] National Research Council,Farrell F B. Connecticut Highway Maintenance Profuxtion Study[R].1952.

[49] ASTM C94M.17,Standard Specification for Ready Mixed Concrete[S].2017.

[50] Neville A M. Properties of concrete[M]. London:Longman,1995.

[51] Croney D,Croney P. The design and performance of road pavements[M].1991.

[52] Darter M I,Hall K T,Kuo C M. Support under Portland cement concrete pavements[M].1995.

[53] Highway A A S,Officials T. AASHTO Guide for Design of Pavement Structures[S].1993.

[54] Allen G E,Packard R G. New PCA thickness design for concrete highway and street pavements[M]. Publication of Balkema (AA),1984.

[55] Smith K D,Mueller A L,Darter M I,et al. Performance of Jointed Concrete Pavements:Volume II-Evaluation and Modification of Concrete Pavement Design and Analysis Models[R].1990.

[56] Sheehan M J,Tarr S M,Tayabji S D. Instrumentation and field testing of thin whitetopping pavement in Colorado and revision of the existing Colorado thin whitetopping procedure[R]. Colorado Department of Transportation,Research Branch,2004.

[57] Beckemeyer C,Khazanovich L,Thomas Yu H. Determining amount of built-in curling in jointed plain concrete pavement:Case study of Pennsylvania 1-80[J]. Transportation Research Record,2002,1809(1):85-92.

[58] Rao S,Roesler J R. Characterizing effective built-in curling from concrete pavement fieldmeasurements[J]. Journal of Transportation Engineering,2005,131(4):320-327.

[59] Hansen W,Wei Y,Smiley D L,et al. Effects of paving conditions on built-in curling and pavement performance[J]. International Journal of Pavement Engineering,2006,7(4):291-296.

[60] 冯德成,权磊,田波,等.水泥混凝土路面固化翘曲试验研究[J].建筑材料学报,2013,16(5):812-816.

[61] 魏亚,梁思明,张倩倩.水泥混凝土路面板固化温差对翘曲和应力的影响[J].土木建筑与环境工程,2015,37(1):81-87.

[62] 王丽娟,胡昌斌.水泥混凝土路面固化温度区域特征及其对面板翘曲的影响[J].交通运输工程学报,2018,18(3):19-33.

[63] 魏亚,梁思明.一种水泥混凝土路面板内温度梯度测试方法[P].北京:CN103743496A,2014-04-23.

[64] 邓学钧,黄晓明.路面设计原理与方法[M].北京:人民交通出版社,2001.

[65] Hiller J E,Roesler J R. Simplified nonlinear temperature curling analysis for jointed concrete pavements[J]. Journal of Transportation Engineering,2009,136(7):654-663.

[66] Gao X,Wei Y,Huang W. Strain-based equivalent temperature gradient in concrete pavement and comparison with other quantificationmethods[J]. Road Materials and Pavement Design,2017,18(6):1460-1472.

[67] 宋存牛,王选仓,魏俊波.沙漠地区水泥混凝土路面温度梯度数学模型与仿真分析[J]. 中国沙漠,2007,27(2):229-233.

[68] Choubane B,Tia M. Nonlinear temperature gradient effect on maximum warping stresses in rigid pavements[J]. Transportation Research Record,1992,1370(1):11.

[69] Mohamed A R,Hansen W. Effect of nonlinear temperature gradient on curling stress in concrete pavements[J]. Transportation Research Record,1997,1568(1):65-71.

[70] Wei Y,Gao X,Wang F,et al. Nonlinear strain distribution in a field-instrumented concrete pavement slab in response to environmental effects[J]. Road Materials and Pavement Design, 2019,20(2):367-380.

[71] Wei Y,Gao X,Hansen W. Influential depth by water absorption and surface drying in concrete slabs[J]. Transportation Research Record,2013,2342(1):76-82.

[72] 交通部公路科学研究院.公路路基路面现场测试规程:JTG E60—2008[S].北京:人民交通出版社股份有限公司,2017.

[73] 交通部公路科学研究院.公路水泥混凝土路面施工技术细则:JTG/T F30—2014[S].北京:人民交通出版社,2014.

[74] 董青泓,王端宜,罗锟.农村公路小尺寸薄水泥混凝土路面结构设计研究[J].中外公路, 2010,30(6):74-77.

[75] 韩瑞民,王秉纲.农村公路薄层水泥混凝土路面板尺寸确定[J].公路,2009(4):74-76.

[76] 葛庆斌.谈公路路面混凝土技术要求[J].科学与财富,2012(4):389-389.

[77] 张贤超.高性能透水混凝土配合比设计及其生命周期环境评价体系研究[D].长沙:中南大学,2012.

[78] 交通部公路科学研究院.公路工程水泥混凝土外加剂与掺合料应用技术指南[M].北京:人民交通出版社,2006.

[79] 孙廷选.水泥混凝土路面设计与施工技术[M].郑州:黄河水利出版社,2005.

[80] 梁思明,魏亚,张倩倩,等.路用碾压混凝土稠度与配合比研究[J].混凝土,2014(01): 150-154.

[81] ACI Committee. Comittee 325. 10R-95. Report on Roller-Compacted Concrete Pavements [R].2001.

[82] 杨青.道路工程材料[M].重庆:重庆大学出版社,2007.

[83] 刘祥.农村公路路面碾压混凝土力学性能试验研究[D].重庆:重庆交通大学,2014.

[84] Shoenberger J E. User's Guide:Roller-Compacted Concrete Pavement[R]. Army Engineer Waterways Experiment Station Vicksburg MS Geotechnical Lab,1994.

[85] 交通部公路科学研究所.公路工程水泥及水泥混凝土试验规程:JTG E30—2017[S].北京:人民交通出版社股份有限公司,2017.

[86] ASTM C1170/C1170M-14e1. Standard Test Method for Determining Consistency and Density of Roller-Compacted Concrete Using a Vibrating Table[S].2014.

[87] 中华人民共和国交通运输部.公路水泥混凝土路面施工技术规范:JTG F30—2003[S]. 北京:人民交通出版社,2003.

[88] 吴城,廉云亮,高晓玲,刘宪,等.铁路混凝土路肩滑模摊铺机[P].江苏:CN206127766U,2017-04-26.

[89] 何亦伟.浅析滑模式摊铺机用于水泥混凝土路面摊铺的施工应用[J].建设科技,2016(4):87-88.

[90] 王志强.轨道摊铺机在水泥混凝土路面施工中的应用[J].交通运输研究,2013(15):21-23.

[91] 关爱军,朱小京,姚述堂,等.湖北省谷竹高速公路水泥混凝土桥面铺装层三辊轴施工技术[J].施工技术,2013,42(23):20-24.

[92] 郭筱穆.季冻地区水泥混凝土路面抗滑构造研究与应用[D].西安:长安大学,2006.

[93] 朱洪涛.水泥混凝土路面抗滑机理及测试技术研究[D].西安:长安大学,2009.

[94] 韩瑞民,弥海晨.农村公路薄层水泥混凝土路面的研究[J].公路,2006(8):49-52.

[95] 李刚.水泥混凝土路面接缝施工技术探讨[J].华东公路,2015(3):43-44.

[96] 刘永军.水泥混凝土路面接缝施工技术分析[J].科学技术创新,2010(2):241-241.

[97] 交通部公路科学研究所.公路工程质量检验评定标准[M].北京:人民交通出版社,1999.

[98] 封基良,荀家正,张林艳,等.水泥混凝土路面承载能力评价及分析[J].公路交通科技(应用技术版),2016(9).

[99] 李华.水泥混凝土路面修补技术[M].北京:人民交通出版社,1995.

[100] 张百健.农村公路水泥混凝土路面的建设与管理[D].西安:长安大学,2011.

[101] 邵红.水泥路面接缝处理及填缝料施工工艺[J].中国管理科学文献,2008.

[102] 韩本胜.破损水泥混凝土路面修复技术研究[D].吉林:吉林大学,2006.

[103] 潘伦荣.钢纤维水泥混凝土路面病害成因及处治对策[J].山西建筑,2009,35(36):281-282.

[104] 王琳.基于水泥混凝土路面断板裂缝破损研究的路面养护决策分析[D].西安:长安大学,2006.

[105] 周妙兴.探析水泥混凝土路面施工新技术及病害处治应用[J].建筑工程技术与设计,2015(36).

[106] 陈华.水泥混凝土路面病害的防治与维修技术研究[D].重庆:重庆交通大学,2008.

[107] 重庆市城乡建设委员会.重庆市城市道路路面改造检测技术规程(征求意见稿)[S].2010.

[108] 中华人民共和国交通运输部.公路路面基层施工技术细则:JTG/T F20—2015.[S].北京:人民交通出版社,2015.

[109] 中华人民共和国国家计划委员会.水泥混凝土路面施工及验收规范:GBJ 97—87[S].重庆出版社,1997.